鑿空 On Line

張騫

張博鈞　著

三民書局

獻給孩子們的禮物

世界上最幸福的孩子，是他們一出生就有機會接近故事書，想想看，那些書中的人物，不論古今中外都來到了眼前，與他們相識，不僅分享了各個人物生活中的點滴，孩子們的想像力也隨著書中的故事情節飛翔。

不論世界如何演變，科技如何發達，孩子一世幸福的起源，仍然來自於父母的影響，如果每一個孩子都能從小在父母親的懷抱中，傾聽故事，共享閱讀之樂，長大後養成了閱讀習慣，這將是一生中享用不盡的財富。

三民書局的劉振強董事長，想必也是一位深信讀書是人生最大財富的人，在讀書人口往下滑落的多元化時代，他仍然堅信讀書的重要，近年來，更不計成本，連續出版了特別為孩子們策劃的兒童文學叢書，從「文學家」、「藝術家」、「音樂家」、「影響世界的人」系列到「童話小天地」、「第一次」系列，至今已出版了近百本，這僅是由筆者主編出版的部分叢書而已，若包括其他兒童詩集及套書，三民書局已出版不下千百種的兒童讀物。

劉董事長也時常感念著，在他困苦貧窮的青少年時期，是書使他堅強向上，在社會普遍困苦，而生活簡陋的年代，也是書成了他最好的良伴，他希望在他的有生之年，分享這份資產，讓下一代可以充分使用，讓親子共讀的親情，源遠流長。

「世紀人物 100」系列早就在他的關切中構思著，希望能出版孩子們喜歡而且一生難忘的好書。近年來筆者放下一切寫作，接下這份主編重任，並結合海內外有心兒童文學的作者共同為下一代效力，正是感動於劉董事長致力文化大業的真誠之心，更欣喜許多志同道合的朋友，能與我一起為孩子們寫書。

「世紀人物 100」系列規劃出版一百位人物故事，中外各占五十人，包括了在歷史上有關文學、藝術、人文、政治與科學等各行各業有貢獻的人物故事，邀請國內外兒童文學領域專業的學者、作家同心協力編寫，費時多年，分梯次出版。在越來越多元化的世界中，每個人都有各自的才華與潛力，每個朝代也都有其可歌可泣的故事，但是在故事背後所具有的一個共同點，就是每個傳主在困苦中不屈不撓，令人難忘的經歷，這些經歷經由各作者用心博覽有關資料，再三推敲求證，再以文學之筆，寫出了有趣而感人的故事。

西諺有云:「世界因有各式各樣不同的人群，才更加多采多姿。」這套書就是以「人」的故事為主旨，不刻意美化傳主，以每一位傳主的生活經歷為主軸，深入描寫他們成長的環境、家庭教育與童年生活，深入探索是什麼因素造成了他們與眾不同？是什麼力量驅動了他們鍥而不捨的毅力？以日常生活中的小故事，來描繪出這些人物，為什麼能使夢想成真。為了引起小讀者的興趣，特別著重在各傳主的童年生活描述，希望能引起共鳴。尤其在閱讀這些作品時，能於心領神會中得到靈感。

和一般從外文翻譯出來的偉人傳記所不同的是，此套書的特色是，由熟悉兒童文學又關心教育的作者用心收集資料，用有趣的故事，融入知識，並以文學之筆，深入淺出寫出適合小朋友與大朋友閱讀的人物傳記。在探討每位人物的內在心理因素之餘，也希望讀者從閱讀中，能激勵出個人內在的潛力和夢想。我相信每個孩子在年少時都會發呆做夢，在他們發呆和做夢的同時，書是他們最私密的好友，在閱讀中，沒有批判和譏諷，卻可隨書中的主人翁，海闊天空一起遨遊，或狂想或計畫，而成為心靈知交，不僅留下年少時，從閱讀中得到的神交良伴（一個回憶），如果能兩代共讀，讀後一起討論，綿綿相傳，留下共同回憶，何嘗不是一幅幸福的親子圖？

2006 年，我們升格成為祖字輩，有一位朋友提了滿滿兩袋的童書相送，一袋給新科父母，一袋給我們。老友是美國國家科學院院士，曾擔任過全美閱讀評估諮議委員，也是一位慈愛的好爺爺，深信閱讀對人生的重要。他很感性的說：「不要以為娃娃聽不懂故事，我的孫兒們一出生就聽我們唸故事書，長大後不僅愛讀書而且想像力豐富，尤其是文字表達能力特別強。」我完全同意，並欣然接受那兩袋最珍貴的禮物。

因為我們同樣都是愛讀書、也深得讀書之樂的人。

謹以此套「世紀人物 100」叢書送給所有愛讀書的孩子和家庭，以及我們的孫兒——石開文，他們都是世界上最幸福的孩子，因為從小有書為伴，與愛同行。

剛決定要寫張騫的時候，本來是想把書寫得像是一本旅遊小說，藉由介紹景點，來引發故事內容。但是後來並沒有這麼做，原因其實很簡單，因為作者我，是一個不折不扣的大路癡。沒錯！我是路癡。在我進一步搜尋資料的時候，我就知道我浪漫太過的個性害慘我了，西域占地是那麼廣大，我這個連在 21 世紀，交通便利的臺北市都會迷路的人，居然要去通西域？我連從便利商店買完東西出來，都會很果決的轉錯方向耶！我想我應該會一個不小心就把張騫帶到地獄去吧？可是工作已經排定，所以為了搞清楚整個西域的地理位置，我借了好幾本地圖集回來對照，偏偏有的地點這本有標出，那本卻沒有，標得又跟現代的不太一樣，跟書上描述的又有出入，看得我是眼花撩亂，屢屢在兩千年前的大漠裡迷路。我常常在想，如果張騫的方向感跟我一樣差，他大概會比哥倫布早一步發現新大陸，或比麥哲倫更早體驗到地球是圓的。幸好張騫不是路癡，所以他順利到了西域，也順利回到大漢，所以新大陸還是留給別人去發現好了。

在撰寫的過程中，我常常有暈倒的衝

動，不斷的在心裡有這樣的 OS：「路程怎麼這麼複雜啊？」不過，看過這本書的內容之後，讀者可能覺得：「還好吧？」但是，其實書裡面寫出來的，是我簡化之後的表述，張騫到底怎麼走，有人花了一本書的篇幅去考證，夠複雜了吧？一本書耶！原諒路癡的作者沒辦法把書的內容原原本本引進來，這樣的話，你們就只能看見張騫一直在翻山越嶺，一直翻，一直翻，一直翻，然後作者在寫完之後，就吐血身亡，無疾而終，你們應該不想看到這樣的下場吧？我當然不會這麼自找麻煩。

所以，我換了一種方式來寫張騫，因為張騫帶點傳奇色彩，所以把他跟遊戲結合，沒有鼓勵大家沉迷於電玩的意思喔！這一點是一定要說明的。我在寫作的過程中，很努力，也很用心的在接近張騫的心情，想知道一個跨越中西的人，會有怎樣的心情跟眼界，所以寫了很多內心的獨白，是我以最大的想像力去設想的心情，也許不夠真實，那可能是因為身為路癡的作者，從來沒有走過這麼長的路啊！我是一個到臺北三年之後，依然只認得承德路的人，路癡的本性讓我時時刻刻害怕迷路，很難想像張騫怎麼有勇氣踏入一個完全未知的世界，這一點我真的很佩服他，由衷的佩服。

寫完張騫之後，我其實也有很多的收穫，知識上的充實是不用說了，最重要的還是態度上的轉變。我們面對未知的時候，常常習慣於恐懼，至少我是這樣啦！在安於現狀的時候，任何的改變都會令我焦躁，所以我討厭搬家，不喜歡陌生環境。但是我現在慢慢告訴自己，未知有什麼不好？未知代表的其實是無限的可能。當張騫在面對廣大未知的時候，他沒有退縮，我也不能退縮，因為退縮了，我永遠不會知道外面的世界有多精采，那會很可惜。路癡又怎麼樣？迷路有什麼關係？迷路之後也許反而會看到一生中最美的風景啊。

實在應該去冒點險，替平凡的生活加點樂趣，也許今年冬天，我可以想個辦法征服陽明山，從承德路能走到陽明山嗎？我有點懷疑。但那沒有關係，張騫當初也不知道大月氏在哪裡，最後還不是走到了。相形之下，臺北就這麼點大，我難道還會走到高雄去嗎？我想，在寫完張騫之後，我變得泰然一點了，陌生的世界不再是一種危險的代表，反而是一種神祕的浪漫。

不過，改變總是需要一點時間，而且我依然是一個路癡，所以我想，我還是慢慢延伸我的勢力範圍好了，欲速則不達嘛，這件事還是要從長計議的，從臺北地圖開始？還是從找一個導遊開始？沒關係，那些事情不重要，重要的是，我的心境在轉變，這就是一個可喜的狀況。所以，如果你跟我一樣是個路癡，那你現在可以開始跟我一起成長，而且你年紀顯然比我小，成效會更大。如果你不是路癡，那恭喜你，只要你保有開闊的心境，你可以走得跟張騫一樣遠，說不定也有當外交官的機會。祝福你們！

寫書的人

張博鈞

作者是一個叫張博鈞的路癡，跟張騫同姓本家，但方向感卻差了十萬八千里。他是一個在第一次去家教的時候迷路，還打電話向家教學生求救的大路癡。這個路癡天性浪漫，愛好文學，在師範大學國文研究所就讀時，依然不改路癡本色。星座是射手座，但是沒有一點冒險犯難的精神，倒是有射手座莽撞的天真。最喜歡冬天，喜歡喝茶，也喜歡喝咖啡，最喜歡的一本書是《紅樓夢》，至於其他的，就噓……不要多問。

鑿空 On Line

張騫

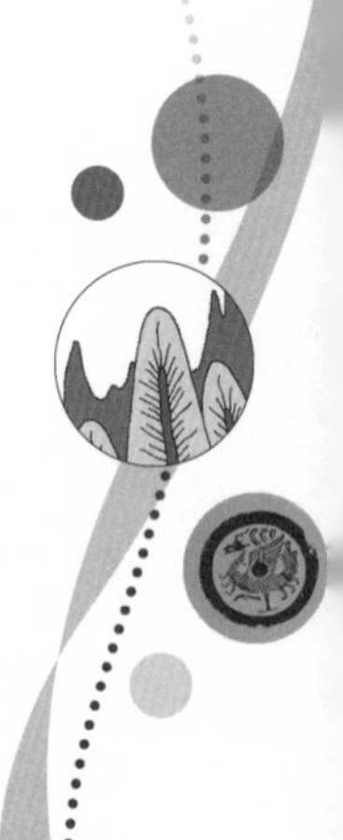

世紀人物100

張　騫

？～前114

1 踏向未知的第一個腳印

離開大漢帝國的首都長安才沒幾天，一路走來，繁華落盡。長安城的車水馬龍，人文薈萃，在此時此地想來，竟然有如夢境一般。眼前一片平原廣闊，卻人煙稀少，長長的大道上，不見任何樹蔭，只有野草東一簇、西一簇，雜亂的生長著，除此之外，極目所見均是土礫黃沙。這裡是隴西郡，再往前便是隴西長城，出了長城之後的土地，就不再是大漢帝國的屬地了，隴西長城以外的廣大原野幾乎都是匈奴的勢力範圍。

「西域，長城以外的神祕地域……。」坐在馬上的青年男子若有所思的喃喃自語。這男子正是張騫，他約莫三十五、六歲上下的年紀，相貌算不上俊美，卻有一股剛強的氣魄，高大健壯的身材，使得他的氣魄更形增長，雖是一身的風塵，卻掩不去他眼中堅毅的神采。

「使君*，天色漸漸暗了，我們要繼續往前走，趕在天黑之前出長城，還是要先找個地方落腳歇息？」甘父策馬到張騫的坐騎旁邊問道。

張騫看了一下這個百來人的使節團，經過幾天的跋涉，每個人臉上都頗有倦容，但是從長安到隴西這一段路，其實可以說是極為安穩舒適的，他們的飲食起居都還有各地官府的打點，出了長城之後，才是真正艱難旅途的開始啊。他沉吟了一會兒，想到

放大鏡

＊使君　當時用來尊稱那些奉了天子之命，出使四方的使者；但有時候也用來作為對官吏、長官的尊稱，《三國志》就記載了一段曹操和劉備談論天下英雄的故事，當時曹操就對劉備說：「今天下英雄，惟使君與操耳。」這裡曹操就尊稱劉備為「使君」，認為天下英雄就只有他自己和劉備了。

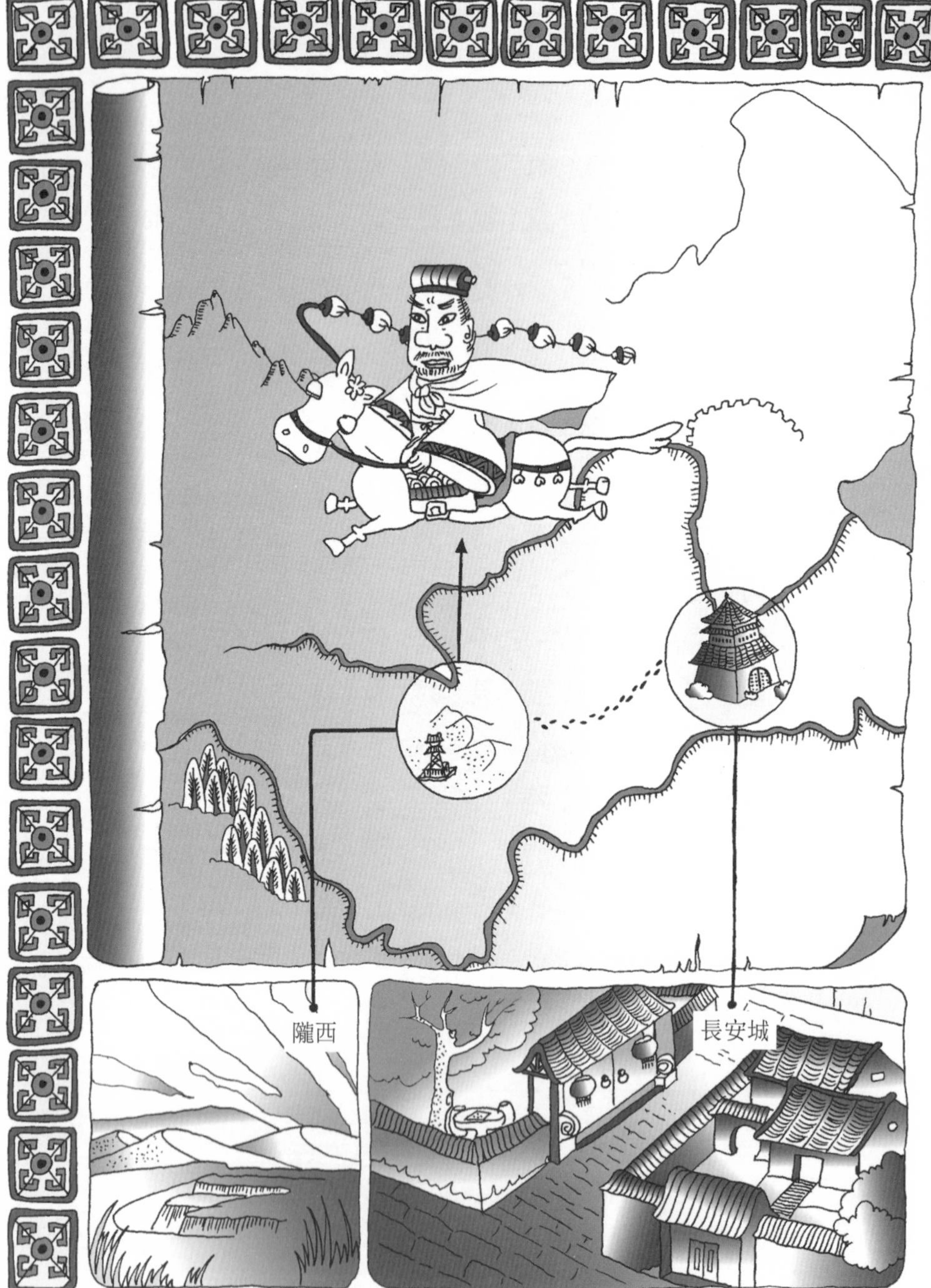
隴西
長安城

天黑之後，要在一個完全不熟悉的環境紮營畢竟是危險的，於是他開口吩咐：「我們在前面找地方落腳吧。」

甘父把張騫的命令傳下，使節團的人眾便開始為紮營過夜忙碌起來。

這大概是這場旅程中，最後一個安穩的夜晚了吧？攤開從宮中帶出來的地圖＊，長城以外的地界是一片空白。空白，代表了大漢帝國對塞外絕域一無所知，也代表了他們這一趟旅程的前途茫茫。面對未來的長途，張騫的心裡不是沒有不安，只是說也奇怪，在不安之中，他的心居然隱

放大鏡

＊你知道中國現存最早的地圖是什麼時代的嗎？答案就是西漢！在 1972 年出土的長沙馬王堆漢墓中，有一幅目前所發現最古老的地圖，繪製的時間大約是在漢文帝的時代。當時人稱地圖為「輿地圖」，製作的技術已經很精良了喔，對山脈流域的分布，畫得特別詳細，甚至已經出現類似等高線的畫法了。所以張騫看的地圖，跟這幅地圖應該是很接近的。

藏著一股雀躍，一股對征服廣大未知的興奮感，在他的血液中流竄著。對於這樣的情緒反應，張騫自己也覺得有點不可思議。

抬頭望向遠方，夜色已經漫天而下，西北方的夜空，在廣大無垠土地的助長下，總給人一種強烈的壓迫感，再加上初秋時節的涼意，真足以擴大人心中所有的不安。張騫不禁想到宋玉在〈九辯〉中的哀嘆：「悲哉，秋之為氣也。蕭瑟兮，草木搖落而變衰。憀慄兮，若在遠行」＊，他的

放大鏡

＊這裡所提到的宋玉（西元前 290 ～前 222 年左右）是戰國時代的楚國人，他所寫的〈九辯〉是一種叫做「辭」的詩體，因為寫「辭」的作家大部分是楚國人，所以後來就被稱為「楚辭」。「楚辭」的代表作品是屈原的〈離騷〉，傳說宋玉是屈原的弟子，他的〈九辯〉也是很有代表性的作品。後來到了漢代，「楚辭」發展為亦詩亦文的賦，成為漢代文學的主要體裁，著名的司馬相如就是很有名的賦家，所以後來的人常常把「楚辭」和漢賦合稱為「辭賦」。「楚辭」在漢代初年的時候很流行，很多人都喜歡讀，所以張騫想必也是很熟悉的。文中這一句話的意思是說：「秋天的氣氛真是令人感到悲哀，草木在秋風中都逐漸枯萎凋落了，那一種悲傷的感覺，就像遠行遊子的心情。」

☆北極星
在北方的夜空閃現，是在外旅人辨別方向的座標。
漢
漢
漢
外交指數 96
威信指數 99

眼神在眾人之間來回觀察，他看出所有人眼中的憂懼，和對故土的眷戀。明天，他們這一群大漢子民就要進入匈奴的勢力範圍……。

驀地，一顆流星劃過天際。

一陣清脆的和弦鈴聲響起，把張齊研從迷迷濛濛的睡眠中驚醒，右手在桌上胡亂摸索，好不容易才摸到手機，鈴聲居然戛然而止。他頓了一下，持續著同樣的賴床姿態，因為他知道對方的急躁，接下來肯定是絕命連環CALL的開始。

果然，手機鈴聲才停不到十秒鐘，室內電話就驚天動地的響了起來。張齊研迅速的接起電話，清亮的嗓音聽不出絲毫賴床的感覺。

「張齊研！你還在睡啊？你以為你裝出一副很清醒的聲音，

我就會相信你沒有睡過頭嗎？」急躁的聲音連珠砲一般的射出。

張齊研把話筒保持在距離耳朵五公分處，等到對方急躁的聲音落下，他才不疾不徐的開口：「我跟你約的時間應該還沒到吧？現在才八點半耶！可以請你把你走太快的時間調回正常的步調嗎？」

「還沒到嗎？」許宇靖仔細確認了一下，發現自己剛剛看錯時間了，立刻改口：「我是打來叫你起床的，順便確認一下我們新企畫的進度。」

「真會拗，我昨天就是想企畫的事想到睡著，等一下再跟你談，先這樣。」張齊研放下電話，開始整理腦中的思緒，之前的夢境又清楚的浮現在腦海中。原來是一場夢啊！可是感覺上怎麼會那麼真實呢？他像是真的到了那一個地方，連西風的淒寒都顯得那麼真切，像是實實在在的拂過了肌膚。感覺上他好像就是夢境中那個人，正帶領著一群人要去開發未知的地域，他幾乎可以感覺到他的心跳，和夢中那個人的心跳頻率是相合的。

真是不可思議的一場夢！他開始梳洗儀容，思緒轉到新企畫上，這一份新的電玩企畫，他們已經討論了很久，卻一直沒有定案，原因是和市面上已經有的產品沒有太明顯的區別。雖然說闖關、打鬥、攻城基本上是電玩遊戲的必備要素，但大部分的產品都是這樣換湯不換藥，遲早會造成市場的彈性疲乏。

要怎麼在保有這些必備要素之下，又能給玩家耳目一新的感覺？是他們這次的企畫所要追求的。然而他想得更多一點，他希望設計一個不只能讓玩家滿意，還能讓他們對自己國家的歷史有一定了解的遊戲，像之前盛極一時的「三國志」遊戲，就造就一大堆對《三國演義》極度熟悉的青年學子。中國有這樣悠久的歷史，廣大的版圖，如此豐富的文化資源，難道不值得好好運用嗎？

他想到夢中那一隊人馬，那個要奔向未知的男子，中國歷史上，有哪一個人有著這樣無畏的勇氣、堅強的信念又創下不朽的功勛？張齊研思緒不停的轉動，企畫已經在腦海中初步成型。想到這裡，他掩不住內心的興奮，他換好衣服，迅速的前往和許宇靖約好的餐廳。

一到兩個人相約早餐會報的地方，就看到許宇靖已然在座，正無聊的打出他第一千零一個呵欠。張齊研衝到許宇靖的旁邊坐下，興奮的說：「歷史上哪一個人最早走了很遠的路，看到當時代人沒有看過的風景？」

「咳—咳—我被你嚇得差點變成歷史上第一個打呵欠嗆死的人！」許宇靖咳得滿臉漲紅。

「喂！廢話少說，想到沒？」

許宇靖看著張齊研眼中的神采，知道他對新企畫已經有了想法，但這個沒頭沒腦的問題，實在令人有點摸不著頭腦……。

「張騫通西域！」思緒豁然開朗，許宇靖激動的叫出來。

「賓果！」張齊研彈指笑道：「我覺得這一段史事很有發展的空間，西域地域遼闊，如果美術做得好的話，在視覺效果上會很有吸引力，再加上異族之間的種種衝突和漢代的文化背景，肯定可以撞擊出很多火花。怎樣？這點子不錯吧？」

許宇靖把他腦中有限的史學常識整理了一下，發現自己對於這件史事的了解，僅限於「張騫通西域」這五個字，他眨眨眼，莫測高深的說：「我想我們可以開始收集資料了。」許宇靖端起咖啡一飲而盡，故意不去看張齊研了然於心的笑容。身為死黨，張齊研當然知道許宇靖的歷史有多遜。

2 走進塞外的迷霧

從隴西出長城至今，已經走了將近一個月的路程，由於甘父對這一段路程的情形頗為熟悉，所以一路上還算平靜。收起漢朝使節的大旗，偽裝成商旅，在行走上並沒有遇到太多留難，只是前路艱險的壓力一直都在，長時間處在警戒狀態下，令人更加容易疲憊。

離開古瓜州地之後，就已經是甘父不能掌握的地域了，聽說西域二十六國幾乎全部臣屬於匈奴＊，所以他們以經商的名義，找了幾個匈奴人做嚮導。但要如

放大鏡

＊根據《漢書‧匈奴傳》的記載，在張騫之前，中國只聽說過西域有二十六國，除烏孫、月氏等大國之外，其餘如林胡、山戎等小國都已臣屬於匈奴。這裡所提到的甘父就是林胡人，因為居地被匈奴占據，所以奔逃到大漢。

何瞞過匈奴的耳目，找到通往大月氏的路徑，張騫目前也是沒有把握的。

「使君，我們已經進入白龍堆了，兩個嚮導說要穿越白龍堆的邊緣，過昌蒲海，才能抵達樓蘭。」甘父和兩個匈奴嚮導討論後，將結果報告給張騫知道。

「嗯。」張騫沉吟了一下，一路走來，多多少少也聽說白龍堆的險惡，白龍堆是一個占地廣大的沙漠，路險難行，偏偏又占據在東西交通的關鍵大道上。張騫站在高處往下俯瞰白龍堆，只見沙丘蜿蜒曲折，幾乎綿延到天際，的確像是一條白龍，盤據在這個溝通東西的大門，不知道什麼時候會突然暴起，猛然吞噬掉來往的人群。

「甘父，你看前面。」遠方天空似乎颳起連天沙塵，氣勢之猛惡，令張騫不禁咋舌。

那兩個匈奴嚮導在前方大聲呼喝，甘父趕忙翻譯他們所說的話，指示大家盡快找地方躲避。但極目所見都是黃沙，要躲到哪裡去呢？眾人一陣慌亂，張騫向甘父問明了情況，傳令大家立刻尋找硬地紮營。

眾人迅速紮好營帳，紛紛躲進帳中，不一會兒，就聽見帳外狂風大作，大風捲著砂礫，不斷擊打營帳，大漢子民哪裡見過這種情景，有幾個人嚇得臉色土灰。他們也不是嬌生慣養的富家子弟，但這樣的場面實在是太驚心動魄了，營帳好像隨時都會被吹走似的，帳外的風聲淒緊，更增添駭人的氣氛。

「這一趟路，可真是什麼沒見過的都體驗到了！」張騫帶笑的對甘父說。

甘父對沙漠的情況雖然也算了解，但這樣大的沙塵暴，也是生平第一次經驗，在這種情況下，張騫居然還能笑得出來？對於張騫過人的氣度，甘父暗暗感到驚異與佩服，不自覺在臉上顯露出來。

張騫拍拍甘父的肩膀，請他問問那兩個嚮導這場風暴會持續多久，甘父轉頭用匈奴語詢問，然後翻譯嚮導說的話：「他們說這場風暴很大，可能會持續到明天。」甘父頓了一下，又說：「他們還說這場風暴也是他們生平見過最大的一場風暴。」

「那我們還真是三生有幸啊。」張騫笑著說，接著他指示大家趁機休息，但必須要有人輪流駐守，隨時注意情況。

大風就這樣狂亂的吹了一夜，一直到接近清晨的時候，才漸漸平息下來。營帳幾乎已經有一半被掩埋在沙土之中，大家小心翼翼的從營帳中鑽出，看到風

風力指數 90
地形指數 70
傷亡指數 10
士氣指數 100

暴過後的天空，湛藍得不可思議，而整個沙漠像是翻過身子一樣，面貌與之前全然不同。

「原來是白龍翻身了啊！」張騫讚嘆的看著眼前的景觀，此刻，甘父終於可以稍稍了解漢使的心情。原來他一直是抱持著新奇的眼光在觀察著這一切，因此不管再艱難的環境，他都能泰然處之。但他忘了一點，作為一個使節團的領導人物，張騫是必須能讓眾人安心的，他的泰然有一半也是建立在對自己職責的認知上。

拔營繼續向前走，在經歷了沙塵暴之後，沙漠中行走的辛苦，似乎稍稍微不足道了一些，儘管走得口乾舌燥，儘管水只能略略沾脣，但至少在有嚮導的帶領下，這些沙漠中的一般情況總不至於有生命危險吧？

走了幾天，總算即將離開沙

漠，這一個消息著實振奮人心。這時候，前方居然又見沙塵連天，張騫心中一驚，立刻問道：「這是另一次沙塵暴嗎？」說實在的，他寧願是沙塵暴，也不要是他心中所想的答案。

那兩個嚮導搖搖頭，說天色不像是有沙塵暴的樣子。果然，前方的沙塵越捲越近，風沙中隱然可見幾個騎著馬、穿著匈奴衣飾的人，他們會是盜匪，還是匈奴的軍隊呢？

「怎麼啦？一臉土色，昨晚沒睡好啊？」許宇靖搭著張齊研的肩膀，笑問：「待會兒還要開會，你撐得住吧？」

「沒事，只是昨天睡得不太安穩。」張齊研揉揉眼睛，他很難想像有誰能在夢裡又走沙漠，又經歷風沙，還能睡得安穩。

「做了什麼怪夢啦？」許宇靖

有點揶揄的擠眉弄眼。

「開會啦！」張齊研沒好氣的說，甩開許宇靖的手，率先走進會議室。

會議室中已經聚集了七、八個人，他們這個研發團隊分為美工、程式、資料等組，參與會議的只有各組的組長。等所有人都在會議室中坐定，張齊研才開口說：「我們初步決議的結果上次已經告訴各位，我們將以『張騫通西域』這個歷史事蹟作為我們這一次電玩企畫的主調，剛剛已經將依婷所整理的資料發給大家，等一下會請她為大家報告，現在大家可以先瀏覽一下，有問題等一下可以提出。」

「我們都知道張騫通西域是在西漢武帝時期……」許宇靖正想接著說些話，來表示自己也有歷史知識，但張齊研卻毫不客氣的打斷他：「喔！現在變『我們都知道』啦？你之前不是還一頭霧水嗎？」全會議室的人都笑了。

「你跟我差不多吧？還五十步笑百步呢！」許宇靖反唇相譏。

「但是我懂得藏拙！別浪費時間了，讓依婷跟我們報告吧。」張齊研把許宇靖拉坐下來。

「什麼你懂得藏拙？我看你只會讓我出醜。」許宇靖嘴裡雖然嘟囔著，但隨即笑著說：「好，我們來聽婷婷說故事好了。」

依婷打開電腦秀出投影片，開始娓娓訴說那兩千多年前的西域探險：「剛剛宇靖說了，『張騫通西域』是在西漢武帝的時候，確切來說是在武帝建元二年*，

放大鏡

*你知道中國第一個使用年號紀年的皇帝是誰嗎？沒錯，就是漢武帝，在漢武帝之前的皇帝是沒有用年號來紀年的，漢武帝首開先例，他的第一個年號就是「建元」，從年號本身的字義就可以看出這是一個創舉。不過一個皇帝可能不只用一個年號，比如之後出現的「元朔」也是漢武帝的年號，還有「元狩」、「元鼎」等。

西元前 139 年。其實，張騫出發的時間在史傳上並沒有記載，但是有記載他回到長安的時間，是在元朔三年，西元前 126 年，歷史記載他在西域羈留了十三年，逆推回去，大概是建元二年。」

「那我們也都知道，」依婷這一句話一出口，大家又笑了，所有人都知道她是藉機開宇靖的玩笑。「張騫出使西域的目的，是為了要聯絡大月氏，希望能達成結盟的目的，兩國一起出兵，左右夾擊，合攻匈奴。」

「那為什麼是在武帝的時候呢？武帝之前難道沒有其他機會攻擊匈奴嗎？」克強舉手發問。

依婷對克強笑了一笑，請他稍安勿躁，接著說：「這就是我接下來所要報告的，我們先從匈奴的崛起說起，附帶說明一下漢初和匈奴之間的關係，請看資料的第二頁。」

「匈奴在中國的起源很早，黃帝時期就已經存在，當時稱為葷粥、獯狁，據說這三個名稱在當時的音都很接近，雖然稱呼不同，但所指都是一樣的民族。雖然匈奴起源很早，但是真正強大起來卻是在秦、漢之際。

「那個時候的北方不只有匈奴一個國家，東邊還有一個國家叫東胡，西邊則是月氏，當時這三個國家可以說是勢均力敵，月氏的國力其實比匈奴還要強。所以匈奴跟月氏的關係向來都很緊張，在匈奴頭曼單于在位的時候，還曾經把他的親生兒子冒頓送到月氏去當人質。冒頓是匈奴後來很了不起的一個單于，匈奴的強大就是從他開始的。他雖然在月氏做人質，但他找到機會，偷了一匹良馬，逃回匈奴去了。

「冒頓本來是匈奴的左屠耆王，什麼是左屠耆王呢？匈奴人稱賢明的人為『屠耆』，左屠耆王就是左賢王的意思。匈奴自單于以下，太子為左賢王，其他王子為右賢王，另外有左、右谷蠡王，這四王最為尊貴，合稱『四角王』。所以冒頓本來是匈奴的太子，可是因為頭曼單于寵愛繼室的兒子，因此廢他的太子位，改立幼子為太子，而且他不只把冒頓送去月氏當人質，還不顧他的死活和月氏開戰，所以後來發生的事就變得很血腥了。」

「什麼事啊？」全部的人聽得入神，很想知道接下來發生了什麼事。

依婷慢條斯理的喝了口水，有點賣關子的慢慢開口：「頭曼單于看到冒頓自己孤身一人逃了回來，覺得他非常勇敢，又很有謀略，所以就撥給他一支軍隊，讓他自己去訓練。你們知道冒頓怎麼訓練這一支軍隊嗎？」

「不是要講接下來的事嗎？怎麼扯到訓練軍隊去了？」宇靖向來急性子，最受不了人家賣關子了。

「我是在講接下來的事啊，這兩件事可是密切相關的呢！」依婷環視眾人，緩緩的說：「沒有人知道嗎？那我要揭曉答案囉！冒頓時常帶著軍隊出去打獵，並且規定只要他把箭射向什麼地方，所有人都必須立刻把箭射向同一個目標，沒有照著做的人就依軍法論處，必須被處死。他帶著軍隊去做了幾次狩獵活動，只要有人沒有把箭射向他所射的目標，他就毫不留情的將他們處死。有一次，他把箭射向自己的愛馬，有些人因為那是王子的座騎，所以不敢出手，這些人就都被處死了。又有一次，他把箭射向自己的寵妃，有的人因為冒頓對這個妃子十分寵愛，所以不敢出手，他還是把這些不服軍令的士兵給處死了。他這麼處心積慮，毫不留情的訓練方式，都是為了一個重大的圖謀。」

依婷頓了一下，深深吸了一口氣，所有人也跟著她做了一個深呼吸。依婷慢慢的、輕聲的說，那聲音輕得像是從玄遠的歷史中發出似的：「有一天，冒頓再次帶著他的軍隊出去狩獵，在狩獵中，冒頓把他的箭射向他的父親頭曼單于，這一次，他的部下全都不假思索的紛紛把箭射向頭曼單于，頭曼單于就這樣死在亂箭之中。於是，冒頓成了匈奴的新單于，他即位後，就殺掉了他的後母，和那個頭曼單于特別寵愛的異母弟弟。」

「天哪，真是血腥的王位之爭。」美工組的組長亞容低呼。

「是匈奴人特別殘暴還是怎樣，聽起來怪毛的。」動畫組的組

頭曼單于
衰老度
信用度
危險度
頭曼單于之子冒頓
殘忍度
侵略度
人氣度

長阿怪也加入討論。

「跟權力扯上關係的鬥爭，哪裡有乾淨的？中國人歷代的權力鬥爭包裹在文明的外衣下，血腥程度難道就會比較少嗎？」張齊研感嘆。

「好個匈奴版的伊底帕斯王，只差他沒有娶自己的母親而已。」許宇靖立刻聯想到這個希臘傳說＊。

放大鏡

＊這裡宇靖提到的伊底帕斯王是希臘傳說中的一個人物。很久以前，底比斯王國的皇后懷孕了，有先知預言說，皇后產下的兒子長大之後將會弒父娶母，國王於是把剛出生的伊底帕斯丟棄，後來被另一個王國的國王所收養。伊底帕斯長大之後，王國境內還是流傳著弒父娶母的預言，他為了避免預言成真，就離開了這個王國，卻在路上遇到底比斯國王，也就是他的生父，兩個人發生激烈的爭吵，伊底帕斯失手殺了底比斯國王。後來伊底帕斯來到底比斯王國，殺了當時在王國作亂的怪獸，被擁戴為國王，還娶了皇后，也就是他的生母為妻。後來王國發生瘟疫，先知說要找出殺死底比斯國王的兇手，瘟疫才會消除，最後伊底帕斯才發現他就是兇手，而且他殺死的是自己的父親，還娶了自己的母親，他難以忍受，於是刺瞎了自己的雙眼，皇后也因承受不住事實而自殺了。

許宇靖就是因為冒頓殺了自己的父親，得到王位，又曾經離開母國等經歷，所以認為他和伊底帕斯有相近之處，你認為呢？

「好了，現在不是讓你們感嘆的時候耶，要不要繼續聽啊？真是的，聽眾幹嘛跳出來搶主講人的風采啊？」依婷努力把眾人的注意力拉回她的報告上。

所有人再次乖乖坐好，繼續聽依婷的報告。

「總之，後來冒頓成了匈奴的新單于，他即位之後，東擊東胡，西攻月氏，把東胡國打得向北竄逃，月氏國向西遷移，還征服了北亞的諸多小國，一躍而成為北亞的大強國。這一些功業約莫是在秦代末年完成，也就是中國進入楚、漢相爭的時代。」

「這一段歷史也驚心動魄得緊，搞不好也能發展成一個遊戲。」阿怪已經把腦筋動到下一個企畫去了。

「拜託先把這個企畫做完，看看市場反應再說吧！到時候要推出幾部曲都隨便你。」克強立刻

「吐槽」，畫動畫的根本不知道行銷的難處。

「這樣說來，在漢代初年，匈奴的國力是比較強盛的囉。」張齊研問道。

「沒錯，當時匈奴可以說是亞洲第一強國，連西域各國都在匈奴的勢力籠罩之中。如果不知道這一點，根本難以想像張騫通西域的任務有多困難，西域各國根本都不敢得罪匈奴嘛。」依婷翻了一下資料，又說：「而且漢高祖劉邦的時候，還發生過一件可以說是國恥的事呢！」

「又來了，又在賣關子了！」宇靖急躁的自己翻起資料來。「白登之圍？白登之圍是怎樣？妳的資料很不詳實耶！」

身為資料收集第一把交椅的依婷，居然被指責資料不詳實，這叫她怎麼受得了？她氣急敗壞的說：「拜託！你知不知道大綱這兩個字的意義啊？所謂大綱就是重點提示的意思！如果要我把全部的史料印過來，你不會直接去看《史記》喔？」

宇靖被兇得氣短，只好趕快向齊研討救兵，齊研無奈的搖搖頭，開口打圓場：「依婷，我們都知道宇靖很白目，妳不要跟他計較了，繼續報告吧。」

「哼！」依婷氣呼呼的別過頭。「在跟各位講述白登之圍以前，大家先休息半小時吧，我要去整理我不詳實的報告了。」

3 與匈奴的初次接觸

被俘虜了。日前遭遇的馬隊，果然是匈奴軍隊，在交涉未果的情況下，張騫一行人被帶往漠北的單于王庭＊。張騫心想他們的形跡一定是敗露了，從這些匈奴人的行為看來，他們像是得到了消息，而先行前來攔截。

匈奴人都居住在以皮革製成的穹廬＊裡，張騫他們被帶到一個最大的穹廬前，想必是單于所居。張騫要甘父拿出代表大漢使臣的信節，甘父有點驚訝的問：

放大鏡

＊匈奴的政權分為三個部分，最主要的是中部的單于王庭，東部和西部分別是左、右賢王庭，三個王庭有各自的游牧區域。三個王庭中以單于王庭為首，總攬一切軍政大權，單于王庭又有南北兩庭，南庭在漠南一帶，北庭則在漠北。

＊你知道匈奴人住的穹廬是什麼樣子嗎？答對了，跟現在蒙古人住的蒙古包很相似，在穹廬裡面有地灶，可以用來煮食和取暖，遷移又很方便，是最適合北方游牧民族的居處了。

「使君，我們不是要偽裝成商旅嗎？」

「不成了，我們的形跡已經敗露，如果他們真認為我們是普通商旅，早就掠走我們的財物，俘虜我們作為奴隸，沒必要帶我們到王庭來。」

「那我們之前為何不逃呢？」甘父大為吃驚，語氣不禁有些氣急敗壞。

「你認為我們逃得了嗎？之前和匈奴騎兵遭遇的時候，王良不是想逃嗎？結果他們十多人怎麼了？」

「被射殺了！」甘父有些洩氣。

「提起精神來，甘父！」張騫拍拍他的肩膀，道：「我們的身分既然已經被識破，我不能墮了大漢的威名，而你還必須做我的翻譯。你去告訴那個匈奴的騎長，說大漢使臣求見單于。」

甘父傳達了張騫的話，那名騎長顯得有些驚訝，隨即進穹廬去稟報。

不久，一名衣著較為華麗的男子出帳，張騫猜想他應當是骨都侯。那人向張騫行了一個禮，說了幾句話，甘父替張騫翻譯說：「他說單于召見使君，但使君必須將信節放下，以墨抹額，方能晉見單于。」

張騫知道這是匈奴人的禮節，他略一沉吟，將信節交給甘父，讓那名骨都侯以墨替他抹額，之後隨之進入單于的穹廬，甘父也在額上抹墨，他將信節收起，跟著進了穹廬。

穹廬內十分寬敞，而且溫暖。以漢人的眼光來看，單于的穹廬當然不及大漢的宮殿華麗，但和一路上簡陋的穹廬相比，這個單于穹廬不僅華麗，而且極具威嚴。穹廬內以紅、黑為主色，許多坐墊、床褥還飾以金線，十分華美。

單于坐在靠左的位子，面向北方，等著使臣向他參拜。張騫以漢禮向單于行禮，態度穩重而不失法度。

「漢使來匈奴為何不事先遣人通報呢？」單于並沒有讓張騫坐下，直接發問。

「張騫還沒來得及派人通報，單于就已經派人將我們帶來王庭，張騫有些措手不及。」聽完甘父的翻譯後，張騫依然用漢語回答。

「那麼漢使來匈奴做什麼呢？」

「張騫奉大漢皇帝之命，要通使大月氏。」張騫的直言回答，讓穹廬內的人大為吃驚，甘父甚至緊張得冒出冷汗。

單于顯然沒想到張騫會如此直接，看他氣宇軒昂，態度從容

的模樣，單于不免在心裡讚他膽色過人。但欣賞歸欣賞，該說的還是得說：「姑且不說月氏已經被我的父親老上單于所滅，漢使根本不可能通月氏。就算月氏尚在，月氏在我匈奴的北方，漢使怎麼能任意前去呢？如果我要派遣使臣通使南越，大漢皇帝肯答應嗎？」單于的話鋒變得尖銳了。

張騫聽完甘父的轉述，依舊面不改色，道：「月氏既然已為匈奴所滅，那麼請單于發導，讓張騫前往了解狀況，以完成張騫的任務，對匈奴並沒有任何損害。」

單于聽了張騫的話，右眉微微挑高。他說月氏已被滅只是假設，事實上，月氏只是向西遷移了，沒想到張騫居然抓住這點，要求匈奴放行。如果不答允，顯得匈奴有所畏懼，當下就在大漢使臣面前墮了匈奴威望；如果答允，讓漢和月氏結盟，對匈奴太過不利。單于一時竟不知如何應對，他略作思索，豪邁的笑道：「那麼漢使通使月氏，想要做什麼呢？」

張騫低頭沉吟，這個問題的答案只有一個，單于根本心知肚明，他故意提起，不僅不用回答張騫的要求，反而還翻轉了整個局面。張騫想了一會兒，抬起頭來，眼中精光四射：「張騫通月氏的目的，與單于欲通南越的目的相同。」

聽到張騫這個回答，軍臣單于不禁哈哈大笑，這個漢使太厲害了，他似答非答的回應，一點也沒墮了大漢的威風，又讓自己沒有足夠的藉口發難。單于右手微抬，立刻有人在下首安排了一個座位，單于笑著說：「漢使入座吧！」

張騫向單于行了一個禮，道：「張騫謝單于賜座。」

事情發展到這樣的局面，實在出乎甘父意料之外，本來以為絕難倖免，誰知道單于不僅不罪，還賜漢使座。

單于命人替張騫倒了一杯馬奶酒，張騫恭敬的喝了，單于命人再替他斟滿，自己卻一邊把玩著酒杯，一邊不經意的開口：「漢使，你必須給我一個不殺你的理由啊！」

張騫明白單于這樣說，有向他招降的意味在，但張騫是絕不願折節投降匈奴的，於是他答道：「單于能安張騫一個非死不可的罪名嗎？」

軍臣單于實在是越來越賞識張騫了，他當然可以處死張騫，但這樣的人才，如果能收為己用實在是更好的。他也知道張騫那句話的意思，他的確沒有一個非死不可的罪名可以加在他身上，當然，張騫要通月氏，在匈奴來說就是死罪，但反正他是去不了的，而且張騫的表現那麼令人激賞，如果能招降他，如果能招降他……。

單于沉吟不語，帳外胡樂翩然奏起……。

張齊研猛然從夢境中醒來，才發現不知道什麼時候，同事把音響打開了，他吁了一口氣，神色有點恍惚。他不知道自己為什麼最近老是做夢，而且這個夢還有次序，就像一齣戲劇在腦海中持續上演，而且是不請自來，他根本無法控制。半小時的休息時間，他也不過打個盹，居然又接續了昨夜的夢境，這和他平日完全無夢的睡眠實在大相逕庭。

「怎麼了？你臉色好難看。」依婷遞了一杯咖啡給他，笑問：「該不會是在氣我任意中斷會議吧？」

「怎麼會？休息一下也是好的，大家對這些事件不熟悉，聽得入神才忘了要休息，妳報告的很好。」張齊研啜了口咖啡，他現在正需要咖啡因來提振精神。

依婷含笑瞪了在一邊打鬧的宇靖一眼，說：「請你去告訴那個白目的死黨這件事吧！但你真的沒事吧？我剛剛看到你在打瞌睡耶。」

「嗯，沒事！只是昨天晚上沒睡好。」

「他昨天晚上不知道做了什麼怪夢，才會睡不好。」宇靖無聲無息的湊了過來。「我剛剛看到妳瞪了我一眼。」

「有人問你意見嗎？白目的先生。」依婷沒好氣的回應。

「不是吧？妳還在氣啊？我只是急著想知道接下來的事嘛！」

「既然你這麼想知道，那我們還是繼續開會吧。」齊研再次跳出來打圓場，避免這兩個人又開始鬥嘴，打他們三個熟稔以來，這個模式就已行之有年。

沒有異議，會議室內的人各自歸位，等著聽西漢初年中國跟匈奴之間的關係。

「我覺得我們有點不像在開會，感覺像在上歷史課。」亞容低聲對齊研說。

「總得讓大家對當時的歷史有些了解，妳也知道我們這裡某些理工科的人才，歷史常識有多麼的貧乏。」齊研比著身邊正襟危坐的宇靖，亞容低下頭偷笑。

等所有人都坐定之後，依婷打開剛才的檔案，繼續她的報告：「剛才我們提到白登之圍，這件事情發生在西漢高祖七年，冒頓單于率領大軍南下，包圍了西漢邊境的重要根據地代郡。代郡的最高首長是韓王信，他一方面跟中央告急，一方面跟匈奴和談，希望匈奴能夠退兵。可是他跟匈奴和談的舉動，卻被誤認為有通敵叛國的嫌疑，這個莫須有的罪名，逼得他跟匈奴約定一同攻漢，於是北方門戶洞開，匈奴騎兵大舉南下。

「這下漢高祖就緊張了，他一方面備戰，一方面派人去訪察冒頓單于的虛實。冒頓卻故意把軍隊中的精壯人馬隱匿起來，只派出老弱殘兵，設下了一個陷阱讓漢朝的探子跳。果然這些人回到漢軍營帳後，都覺得應該立刻攻打匈奴。當時整個漢營之中，只有劉敬一個人看出冒頓的詭計，認為匈奴故意示弱，一定有詐，所以不應該攻打匈奴。可是當時西漢的大軍已經出發，所以漢高祖聽到劉敬的建議之後，反而十分生氣，下令把劉敬關起來，大軍還是出發了。」

「我還以為劉邦很英明，原

來他也做過這種蠢事。」克強嘖嘖稱奇。

「嗯，看過這些資料之後，才發現歷史其實是很多面的，我們以前在課本上讀到的，不見得是唯一的真相。」依婷約略發表一下自己的看法，又接著說：「冒頓很有計謀，他一路把漢軍引到白登山，等到漢軍上山之後，他的四十萬大軍，把漢軍團團圍住，就這樣困住劉邦七天七夜。那一年的冬天特別寒冷，漢軍的軍需運輸路線又被匈奴隔斷，情況十分危急。後來是陳平向劉邦獻計，去遊說冒頓的皇后，但遊說的內容實際上是什麼，歷史上並沒有記載，可能是太過屈辱了，所以沒有留下記載來。

「因為這件事情，漢朝自知暫時沒有跟匈奴抗衡的能力，所以就採取劉敬的建議，以和親的方式，和匈奴建立約為兄弟之國的合約關係。但是合約雖然建立，冒頓還是不時的侵擾中國，因為他根本沒有把漢朝放在眼裡。而且喔，在漢高祖死了之後，他還寫信去侮辱呂后，說要娶她為妻，把呂后氣個半死，可是因為當時漢朝還沒有足夠的實力跟匈奴開戰，所以呂后也只能寫一封委婉的書信拒絕。」

「我覺得我們在遊戲前面可以做一個兩軍交戰的動畫，交代這一段歷史背景，然後再讓玩家各自展開遊戲。」宇靖開始思考電玩的細節問題。

「這些細節之後再討論，現在先了解背景資料。」齊研笑著把焦點拉回主題。「依婷，妳那邊還有接下來的資料嗎？」

「嗯，漢初跟匈奴的關係，比較重要的大概是這樣，接下來就一直維持和親的關係，到漢武帝的時候才開始改變。因為那時候西漢的國力也逐漸增強，國庫也比較豐厚，而且西漢其實長期以來都記得和匈奴交戰的那些恥辱，一直想要洗刷。」

「那下次開會，就可以直接進入張騫通西域這個主題了。」齊研看了一下時間，覺得也該放大家回去休息，於是他說：「大家回去把手邊的資料看完，下次我們一邊聽依婷報告，一邊來天馬行空的想一下電玩的內容。」

4 滯留

初春時節，這個時候的江南，應該是鶯飛草長的好光景了吧？可是在這塞外絕域，嚴冬的寒意兀自占據著天地，冬天像是無止盡的延長，一點春意也不見。在匈奴居留了這幾年，對這樣的節候還是充滿了不慣。八、九年了吧？從蹤跡被匈奴發現至今，單于沒有將張騫處死，卻也沒有打算放他走，只是將他留下，給他牛羊牲口，為他婚配一名匈奴女子，讓他過起匈奴人的生活，彷彿一切就這樣了，什麼都不用說，也不用交代。

日子似乎過得很尋常，但張騫知道，他是無時無刻不被監視著。張騫了解自己現在的身分，他算是俘虜，儘管單于賞識他，但只要他持漢節一天，他的身分就是如此曖昧不明。一個不像俘虜的俘虜，一個不能達成任務的漢朝使節。

他在心底嘆了一口氣，這數年來，他學會了匈奴話，過著匈奴人習慣的游牧生活，和他的匈奴妻子感情甚篤，生了一個胡漢混血兒，在旁人看來，他像是完全變成一個匈奴人了。只有他自己知道，他的骨血仍舊還是漢人的骨血，他時時刻刻都想著他通月氏的任務。

他不時注意來往的商旅所帶來的消息，在這幾年裡，月氏已經從匈奴北方的伊列，往南遷移到大宛以南的大夏國，占據了媯水一帶。他也隨時在注意周遭的地理環境，為他的逃亡作準備。他知道如果他能逃出匈奴，穿越葱嶺，到達康居或大宛，就有機會可以到達月氏。

但他被嚴密的看守著，這些

細節都只能在心底揣想，或者和甘父討論。但他知道時機就要來了，這兩年匈奴對他的看守沒有那麼緊密，或許是因為他們以為他已經完全變成匈奴人了吧？可是要逃離匈奴還是很困難的，而且一旦失敗，就很難再有機會，或者連性命都會不保，所以他要等，等一個最好的時機。

張騫看著遠山出神，他的目光在寒風中依然那麼有神，當他收回目光，他發現他的胡妻在他身後看著他。胡妻是一個高䠷健美的匈奴女子，有著漢人女子所沒有的活力和率真，她的雙頰在寒風中凍得發紅，令人不捨。

「在想什麼呢？」胡妻走到張騫的身邊，明知故問。

「沒什麼。」張騫淡淡的笑了，卻不知道他眼中所洩漏的心意，看在胡妻眼中甚為鮮明。也許所有的匈奴人都認為張騫已經

變成道地的匈奴人，但她知道沒有，身為他朝夕相處的妻子，身為他枕邊的女人，她知道他的心是為了什麼在跳動，更知道他的眼神是因為什麼而灼然，儘管她不是漢人，但她懂他，懂得這一個持節不失的漢朝使者。她知道有朝一日，張騫一定會逃走，她一直都在等待那一天，也早就準備好要和他一起走，現在她必須讓他知道。

「前幾日你教我唸的那首詩，我一直記得，特別是最後兩句。」她有些突兀的開口，語氣中的幽怨，讓張騫有些訝異。

張騫回過頭來，認真的看著她，他敏銳的察覺她的話中似有深意。九年的夫妻，他們之間的感情甚篤，雖然生長的背景不同，但他們的心靈卻是契合的。張騫有時候會想，如果他娶的是一個尋常漢家女子，他是不是還能感受到夫妻之間這種綿密的情感，因為一般漢家女子是無法了解，也不被允許了解天空的遼闊的，可是胡妻懂，因為胡妻本身就是在這廣闊的天地中孕育出來的，她的溫柔像這塞北的天地一樣包容著他。

原來胡妻不只懂得天地之大，她更懂得他。

「我教給妳那麼多首詩，現在我有些忘了呢！妳說的是哪一首？」

她看了他一眼，一字一句鏗鏘的唸道：「同心而離居，憂傷以終老。」*

放大鏡

*這兩句詩的意思是：「兩心相愛卻不能同在一起，只能各自抱著憂傷直至老死。」這是《古詩十九首》之一，有人說是西漢時候的大作家枚乘所寫，是《枚乘雜詩》的作品之一，但也有人說應該是東漢以後的作品。其實，在西漢初年，五言詩還在發展的階段，應該還沒有這麼成熟的作品，可是《古詩十九首》的內容是在文人反覆修改之後，才成為現在這個面貌的，所以西漢時可能已經有類似的詩句在流傳，後來才改定成我們現在看到的版本。

「我不要這種結局，我也知道你的心裡還是想著大漢，我只是要讓你知道，雖然我不是漢人，但我是你的妻子，你在哪裡，我就在哪裡。」胡妻堅定的望著張騫，斬釘截鐵的語氣，是她深情的流露。

張騫執起她的手，那雙手並不是細緻白嫩的手，但手上每一道粗糙的痕跡，都是夫妻共同奮鬥而來。張騫的雙眼不禁有些溼潤，他覺得今年北方的朔風實在是太凜冽了，竟吹得他有些泫然欲泣。

「如果你要走，記得帶著我們，我和孩子都不會離開你的。」

是的，他們不會分離，因為他們是家人，等時機一到，他會帶著他的妻兒，一同去完成他的任務，然後返回故鄉。這一天不會太遠，因為就是在這一年，漢武帝元光六年（西元前 129 年），漢與匈

奴發生戰爭，張騫一行人，趁著匈奴內部混亂的時候，逃離匈奴。

從蒙昧中醒來，張齊研揉揉眼，夢中那堅定的眼神還清晰的映在腦海中。他搓搓手臂，想驅走夢裡感受到的春寒。現在他開始覺得這夢境的不尋常了，如果只是一天兩天也就算了，但並不是，夢境是連續的，而且天天來報到。夢中的一切是那麼真實，真實到讓他幾乎有了錯覺，他感覺自己在夢中過著另一個人生，而這個人生，漸漸和現實交錯，令他難以分割。每天早上醒來，都要定神好一會兒，來釐清現在的時空背景，是夢？還是現實？

拿起遙控器關掉冷氣，像是關掉了塞外的寒意，屬於臺灣夏季的暑熱漸次呈現，才約莫七、八點，外邊的陽光已經十分刺眼炎熱，和夢中的感覺毫不相同。他漸漸覺得夢中的人物就是張騫，但為什麼這些事會來到他的夢中？如果只是因為企畫設計，導致日有所思，夜有所夢，可以說得通嗎？

如果其他人都沒有類似情況，那為什麼他會有？他並不是一個特別敏感，或是身具靈異體質的人啊。心理醫師會怎麼解釋這種狀況呢？壓力太大？他是有壓力，但應該不至於大到讓他有精神錯亂的困擾。

他知道張騫從匈奴逃離之後，會沿天山南麓西走，穿越帕米爾高原，然後到達康居、大宛等國，再取道往南，才真正到達大月氏的國境內。難道今天晚上就要夢到他們一行人穿越高原的情況嗎？那肯定會很累，之前夢到穿越沙漠，隔天醒來差點累掛，這次呢？真是難以想像。最慘的是，他隔天還要上班，再這樣下去，只怕他青慘的臉色，會給人他不務正業的聯想吧？

他是一個酷好旅行的人，但這不代表他連在夢中都要這樣到處奔波吧？但幾場夢下來，他感覺到自己和夢中男子些許相似之處，他們有著同樣縝密的心思，有著面對陌生環境，同樣激昂奔騰的熱血。正是這樣的性格，張騫才能擔起探險絕域的任務吧？他是一個冒險家，也是一個實踐者，這樣一個人物，在史傳上的記載，就算有再多的文字，感覺都是不足的。何況在《史記》中並沒有張騫的列傳，有的只是列在〈大宛列傳〉中的幾筆文字，司馬遷雖然承認了張騫的貢獻，但畢竟沒有在史書中，給予他應有的地位。

張齊研洗好臉，他甩甩頭，對著鏡中的自己笑了。從來沒有任何一次的企畫，讓他走火入魔成這樣，居然在這裡替古人打抱不平？要是讓宇靖知道了，還不知道要怎麼嘲笑他呢？

才想著，室內電話就如火如荼的響了，他接起來，話筒中傳來宇靖活力十足的嗓音：「阿齊，準備好了沒？我在你家樓下囉，快下來吧。喔，我已經和依婷約好了，她在等我們過去。」

「怎麼？一大早你就要去負荊請罪嗎？」

「什麼負荊請罪？我是在展現我的紳士風度好嗎？少廢話了，快點給我滾下來。你家附近超難停車的，我轉一圈回來就要看到你出現在門口啊。」

張齊研掛斷電話，迅速下樓和許宇靖會合，之後前去接人，不到二十分鐘，他們三個已經在早餐店坐定。

「難得今天不用上班，許先

生居然會那麼早起。」依婷只要逮到機會，嘴上就不給宇靖好過。

「沒辦法啊，我要來關心哥兒們，有人已經連續做怪夢好幾天了，再不表示點關心，人家會說我沒義氣的。」他一張口咬掉半個燒餅，嘴裡含糊的繼續說：「我跟做夢這些事情不熟，所以要找一個怪力亂神的人來幫幫忙。」

言下之意是說她怪力亂神囉？依婷杏眼圓瞪，立刻就在宇靖胸口上架了一拐子，讓他知道職場女性不是好惹的。

「是什麼狀況？都夢到些什麼？要不要叫我爸幫你收驚還是化煞什麼的？」依婷的爸爸是替人算命解惑的，偶爾會開壇幫人收驚，想當初她能夠找到這個好工作，還是靠她家老爹替她又排命盤、又看相、又卜卦，才作出的指點呢。

張齊研聽了不禁莞爾：「呃，

我的情況應該不用勞煩令尊大人出馬。」

「真的嗎？你不要太見外。還是你把狀況跟我說一下，我看看需不需要。」依婷一副十分專業的模樣。

「這還不怪力亂神嗎？」宇靖在齊研的耳邊低聲說話。

張齊研笑了一下，沒有回應宇靖的揶揄，只是把他的夢境簡單敘述了一下。

「聽起來好像是我們最近企畫的案主喔，可是你怎麼會一直夢到呢？」依婷負責資料收集，對夢境中的事件，多少是了解的。

「就是不知道才找妳來啊，妳狀況外喔。」宇靖風涼的說。

「可是這不像是我爸的職業範圍耶，我爸經手的事件，通常都是做一些很可怕的夢，要不然就是看到有的沒的，沒有這一種啦。」

「我本來也不覺得這是屬於……呃，靈界的範圍。」張齊研淡淡的說，他不是一個迷信的人，但也不鐵齒就是了。

「不過……」依婷的眼睛突然亮了起來，她以一種過度興奮的語氣說：「有一種說法不知道你信不信，但是那是愛情小說的邏輯啦！就是前世今生啊，搞不好張騫是你的前世耶，很棒吧？」

哪裡很棒？齊研和宇靖對看了一眼，不能理解依婷突如其來的興奮。就算是前世今生，有代表任何意義嗎？

「你們很駑鈍耶。真是的，跟沒有天分的人談這些事，實在太累人了。一點都不浪漫。」

「你覺得你今晚還會做同樣的夢嗎？」宇靖壓根不想理會「前世今生」的說法。

「我不知道，我從沒有預期要做這一個夢，它算是不請自來的，所幸還沒有影響到我的正常生活。」齊研聳聳肩。「而且感覺上像是在夢裡到西域去旅行了一圈，也挺有趣的。」

「真看得開，搞不好這個夢就是在跟你展現你前世未解的結耶。」依婷當場化身為玄學大師。

「拜託！妳不要把事情越說越玄啦！」宇靖開始後悔找她出來聊了。

一句話引發戰火，兩個人再次鬥嘴鬥得火花迸射，留下張齊研一個人在一邊看戲。前世未解的結，是嗎？他不認為他的生活裡有這一類的困擾，他比較願意把這件事想成一種特殊的緣分，以一種順適的姿態去接受它，一如張騫面對廣大未知時的態度，從這點看來，他們的個性倒還似乎真有些相通之處。

5 缺角的任務拼圖

在艱難跋涉數十天之後，張騫一行人終於到達大宛國境內。這一番跋涉與之前在大漠行走的艱辛又有所不同，大漠給人的感覺，是一望無際的絕望，每走一步都不知道下一步是否有生還的可能。但這一次是要翻山越嶺的，蔥嶺高聳入雲，其中有多少未知的危險，是張騫等人難以預料的。一路上他們必須與崎嶇的山路對抗，與高原稀薄的空氣周旋，還必須忍受高山絕嶺變化萬千的嚴寒氣候。大多時候，他們只能打獵維生，或者以蔥嶺上野生的蔥為食。

一番辛苦總算沒有白費，他們來到大宛國，沒有被匈奴人追回。看了數十天的荒原，大宛國的一個邊境小城，感覺上竟有如

蔥嶺
位於新疆西南部 。
為亞洲中部山系的
發脈處，地勢高亢，
平均高度五千公尺
以上。
20
體力指數
40
儲備指數
信念指數
100

長安城一般繁榮，讓一行人精神大振。這個使節團的規模已經不如初出大漢時，他們幾乎折損了四分之一的人。又有一些人向匈奴投誠，現在的人數剩不到原本的三分之一。

張騫檢查了身邊的行囊，許多從長安帶出來的財物，都在一路上散失了。要想請大宛國君派人引導他們到月氏，沒有一些財物上的誘惑是不可能的，這些西方民族懼怕強大的兵力，也貪愛龐大的利潤。大漢國的威望在西域不比匈奴，只能許以財物了。

他攤開其中一個行囊，裡面包著一疋又一疋絕美的絲織品，有輕紗、紋羅、素絹、紋錦，美不勝收。他在長安時就曾聽一些商人在說，中國的絲織品在西域價比金玉，所以當初在選擇攜帶的財物時，挑選了大量輕便又可換得高價的絲絹。幸運的是，匈奴單于因為想要招降他，並沒有取走他的財物，不然他現在還真不知要怎麼去見大宛國君。

張騫派甘父去問明附近商家的交易情況，約莫知道了絲織品在這邊的價錢，他想這裡只是邊境小城，儘管出價高昂，相信也不及大宛都城，於是他收起高貴的絲絹織繡，取出兩疋印花敷彩紗、一疋泥金銀印花紗*，相信這些就夠換取足夠的盤纏了。

在拿出印花紗之後，張騫看見壓在敷彩紗下面，繡著信期繡

放大鏡

*所謂印花敷彩紗，是用印花和彩繪相結合的一種裝飾方法。它是先印出地紋，然後根據地紋的設計需要，在上面用筆塗各種顏料而完成圖案。至於泥金銀印花紗，是一種更為精密的印染方法。它是使用陽紋凸版刷漿的印花方法，線條彎曲細密，交接處連結，印紋平滑勻薄，且具有兩面效果。這種印染技術在當時已經甚為發達，是中國很重要而且突出的工藝技術喔。

在西元前四、五世紀時，西方人稱中國為「賽里絲」，意思就是絲、綺的意思，可見西方人對中國絲綢的印象之深刻，當時羅馬的貴族、富商都競相以絲綢錦衣炫耀呢。

的香囊*——展翅飛翔的燕子，朱紅的喙，翠綠羽毛，穿插在淡黃色線織就的雲層中。這是他母親在他臨行時交給他的，繡名信期，是希望他盡早歸來的意思啊。在那一針一線中，包含了母親多少的不捨與擔憂，更有數不盡的祝福與親愛。張騫細細的撫摸香囊，思鄉、思親的情緒一時滿溢。

胡妻走到他身邊，拿起行囊中的香囊，為他別在腰帶上，溫柔的說：「完成任務之後，回家的時間就不遠了，夫君何必憂傷呢？母親的這個香囊是要提醒你記得返家，不是要讓你傷懷的呀。」張騫聽了之後點點頭，極力壓抑思鄉的淚水。

放大鏡

*在馬王堆漢墓出土的一大批刺繡品中，有一個信期繡的香囊，「信期」是因繡品的圖案而命名，上面繡的應該是燕子，燕子是春來秋往的候鳥，和「信期」的含意是相關的。

換得盤纏之後，張騫穿上華美的漢服，準備見此地的行政長官，好去謁見大宛國君。大宛的首都是貴山城，距離這邊境小城約莫有五天的路程，他們在大宛官員的帶領下，終於到達大宛皇城。

大宛國君十分熱烈的接待張騫等人，他們在宮廷裡開宴，筵席上許多食物是張騫從來沒見過的。他們喝著殷紅的葡萄酒，比起匈奴的馬奶酒、大漢的米酒，別有一番風味。酒味甘甜醇然，沒有匈奴酒和漢酒那麼辛辣。張騫沒喝過如此美酒，不禁多飲了幾杯，一旁的甘父見到如此好酒，早就見獵心喜，把席前的一壺酒喝個涓滴不剩，顯得醉態酣然了。

張騫見甘父酣然的模樣，就知道這種酒雖不那麼辛辣嗆人，但後勁之強，只怕不在大漢名酒

「中山冬釀」＊之下，因此幾杯之後便不敢多喝了。

「漢使是第一次喝這葡萄酒嗎？」大宛王身上正披著張騫獻上的絲絹，一臉笑意的問。

「是的，張騫只怕是第一個喝這酒的大漢使節吧？」

大宛王注意張騫喝酒有度，心裡暗讚他知禮，嘴上又問：「漢使來大宛有什麼目的嗎？」

張騫聞言，立時起身拱手回話：「張騫奉大漢皇帝之命通使月氏，請陛下發派嚮導引路，漢使完成任務後，大漢國必有重酬。」

大宛國君笑著要張騫坐下，他早就聽說東方大漢國的富庶，今天張騫獻上的薄禮就已令他眼

放大鏡

＊漢代較常見的酒有：行酒、甘酒、紅酒（或稱槽下酒）、白酒和清酒。這些酒或因價格、味道、色澤、發酵的期限而有所區別。例如清酒的發酵期較長，產生的酯類多，酒味就較為醇厚。這裡提到的「中山冬釀」，就是清酒中的翹楚，據說喝這種酒會「沉湎千日」，可見酒性是很烈的。

界大開，他很想多知道一些大漢國的情況，於是他說：「發派嚮導當然不成問題，但希望漢使可在大宛盤桓幾日，讓我們多了解大漢一些。」於是，張騫等人在大宛停留數日，在這幾天裡，張騫參考大宛國的文書資料，對西域的情況有了更進一步的了解，他把這些見聞通通記錄下來。

不數日，張騫一行人就在大宛國嚮導的帶領下前往月氏，謁見月氏國王時，已經是半個月之後了。一路上他們看見嬀水流域美麗安詳，繁榮富庶，甘父不禁擔心起來。

「使君，月氏人得到如此富庶之地，恐怕不再有攻匈奴之心了。」

「見了月氏王之後再說吧，不管如何，我們這一趟路都不會白費的。」這一點張騫也想到了，長途跋涉那麼久，又被匈奴羈留

多年，好不容易來到大月氏，卻有一種使命不能達成的預感，他也是有煩憂的。但轉念一想，儘管通使月氏的原始目的沒達成，但他們對原本大漢帝國陌生的地方有了了解，這不也是一種收穫嗎？而且在他們出使之初，也沒想到任務真能達成，但現在他們已經走到這裡來了，這是之前被困匈奴時想都不敢想的。

開會的地點移師到公司附設咖啡館的包廂內，一群人舒適泰然的落座，態度十分閒散。一壺香氣四溢的咖啡擺在桌子中央，每個人手上都捧著一杯，不時悠然的啜飲著，工作不忘娛樂，是他們這群上班族的信念。

張齊研和上司討論完畢進到包廂，就見大家簡直像來喝下午茶似的悠閒，不禁笑說：「如果張騫當初帶出去的使節團是你們這些人，我看大概連隴西長城都到不了吧？」

「老大你這樣說不公平耶，我們只是盡量在工作時保持愉悅的心境。」身為行銷的克強抗議。

「就是啊，神經太過緊繃會扼殺腦細胞。」阿怪言簡意賅的指出。

「都好，我只是開個玩笑。」齊研笑著入座。

「昨天還做夢嗎？」依婷靠到齊研耳邊問。

齊研點點頭，卻看到依婷瞪圓的大眼，他露出疑惑的表情。

「我有叫我爸替你安一下，居然沒用！」

「這個之後再說吧。」齊研拿出資料，不理會一旁宇靖的擠眉弄眼，逕自接續上次開會內容，說：「依婷之前已經為我們介紹過漢初和匈奴的關係，我們也穿插討論了一些細部問題。今天我們還是請依婷繼續報告，大家如果有意見可以隨時提出來討論。依婷，麻煩妳。」

依婷點點頭，翻開資料：「經過漢初文、景二帝的休養生息，西漢的國力在武帝時達到極盛，之前提到武帝在建元二年的時候派張騫出使，那是因為武帝聽說月氏和匈奴有深仇，據說匈奴的老上單于攻打月氏的時候，殺了月氏王，還把他的頭當作飲器，就是酒杯之類的，所以兩國結下深仇。就是因為得到這個消息，武帝才決定聯絡月氏，以兩國之力夾擊匈奴。」

「這會不會太誇張？用人頭當酒杯！太噁心了吧。」亞容實在無法接受。

「史書上是這樣記載的嘛，但有可能是漢人對匈奴的偏見，漢人不是一向都認為邊疆民族都凶狠殘暴、毫無人性嗎？不管是匈奴還是契丹、女真、蒙古，大概都是這一類的形象。」依婷說出自己的看法。

「這一段應該不用畫動畫吧？」阿怪秀出隨手畫的漫畫，血腥的畫面立刻引來眾人一致的噓聲。

「加了動畫就變恐怖片了，還是不要吧。目前暫定的動畫就是之前提到的白登之圍，之後也可以再追加，可能都會是戰爭場面。」齊研皺皺眉頭。

「應該也可以畫一下張騫出使的整個場面吧？配上氣勢磅礡的背景音樂。」宇靖丟出點子。

「我們如果是做單機版，這些片頭動畫當然需要，可是如果是網路版呢？主角不能是張騫，不可能每個玩家都是張騫嘛。」阿怪指出一個重要問題。

「嗯，單機版的可以以張騫通西域為故事主軸，網路版可能只借用歷史背景。」齊研說出可行的方案。

「張騫出使有三次耶，你要用哪一次啊？」依婷急忙丟出重要資訊。

「有三次啊？」宇靖驚訝的大叫。「怎麼不早說！」

「我的資料裡有列出來喔。除了眾所周知的通月氏之外，還有一次是通使西南夷，是在元朔四年，西元前 125 年，目的是想要找出一條不經過匈奴國境，又能到達身毒、大夏等國的道路。會有這次的任務是因為張騫在大夏國時看到四川出產的邛竹杖、蜀布，問當地人是怎麼得到的，當地人說是從身毒買來的。因此他認為取道四川應該有路可以通西域，可是這個任務也沒有成功，因為四川、雲南那邊的路太難走，而且武帝要和匈奴開戰，衛青堅持要張騫做隨軍顧問，所以張騫就被召回，通西南夷的任務也就無疾而終了。」

「張騫還隨軍出征匈奴喔？」宇靖對這件事更感興趣。

「對啊，還兩次喔！」

「這件事等一下再說，妳先大略說一下第三次出使的狀況。」齊研把主題拉回，現在的情況變得有些複雜了，得快些釐清。

「嗯，第三次是出使烏孫，在元狩四年，西元前 119 年。因為張騫認為和烏孫聯合可以斷匈奴右臂，這一次出使比較順利，因為那時候西漢和匈奴交戰，有勝有負，國威遠播，河西走廊又已經收復，比起第一次出使，是容易多了。可是聯絡烏孫的任務還是沒有達成，因為烏孫國內部政治情況不是很穩定，所以沒有答應結盟。但雖然沒有達成任務，張騫還是把使節團分成幾個支隊，分別出使身毒、安息、大夏、康居等國，算是一次成功的國威宣揚活動。此外，在張騫回國的時候，烏孫國也派使節隨同回到長安，見識了長安的繁榮之後，對大漢國威在西域的傳播也有很大的幫助。」

「張騫這個人也蠻沒事找事做的嘛，每次任務都是自己去建議的。」克強開玩笑的說。

「可能他本身不是一個靜得下來的人，但也可能是因為皇帝的詢問啊，皇帝問了，你能不答嗎？更何況那時候對西域狀況最了解的就只有他啊。」亞容很認真的回應。

「而且張騫出使烏孫那一次很跩喔，他的氣派大得很呢！史書上寫說他把金銀財帛呈獻給烏孫王的時候，很強硬的要求烏孫國君臣拜謝，完全表現出上國使節的威望跟氣概，烏孫君臣真的以漢禮拜謝，表示臣服大漢了。」

聽了依婷的報告，張齊研在腦海中整理了所得的資訊，說：「這樣聽下來，如果要企劃單機版的遊戲，應該要以第一次通西域為背景，比較精采刺激，跨越的地區也比較大。」

「另外兩次的出使，我覺得可以設計成支線任務，讓玩家自行選擇要不要玩。」克強建議。

「可是這樣會不會有些雜亂啊？感覺上跟主線的遊戲重複性太高耶。」依婷持反對票，亞容跟阿怪立刻附議。

「我覺得在遊戲結束之後，就以動畫來交代這兩次任務，像個小短片一樣，表示張騫已經是一個成功的外交官之類的資訊。」宇靖做了一個較為折衷的提案。

依婷立刻跳起來表示贊成：「對對對！張騫從烏孫回來之後就官拜大行，大行就是當時的外交官。還有，那個動畫應該做Q

版一點，不一定要寫實，但是要有趣。」

「嗯！我想單機版大概架構就是這樣，接下來就看我們怎麼在歷史的大結構之下，加進一些細部情節，讓整個遊戲更有趣。」張齊研做了一個小結。

「我還要不要繼續報告啊？剛剛只講張騫為什麼要通月氏，你們就做結論了，我還要講下去嗎？」依婷揚著手中的資料發問。

「妳休息一下，這邊我來講好了，如果我有說錯，再麻煩妳糾正我。」張齊研頓了一下，開始把他夢到的內容簡略的報告：「張騫從長安出發之後，進入匈奴勢力範圍沒多久，就被匈奴人擄走，匈奴單于也知道他西行的目的，但卻沒有殺了他，只是把他扣留下來，還給他牛羊牲畜，為他娶妻，應該是要招降他吧？這一扣留就是九年的時間過去，張騫都沒有遺忘他肩上所背負的任務。」

在整理他這幾場夢境的過程中，張齊研第一次發現他被感動了，被張騫多年來不改的忠誠與責任感動，被張騫與甘父之間患難與共的感情感動，更被胡妻為了張騫毅然離開匈奴的深情所感動。之前從夢中醒來，常只是感到強烈的疲憊，覺得自己精神不濟，根本沒有心情去感受夢中的種種情感，而今，在整理報告的同時，那些曾經在夢裡經驗過的情緒一一回流，他彷彿感到張騫的熱血在他的血管裡流竄，在他的心魂上發熱。

看著齊研突然迷濛的眼神，宇靖緊張的對依婷說：「完了，阿齊是不是要發作了啊？」

「沒關係啦！我有叫我爸幫他畫一張符，應該有用。」依婷從包包裡拿出一張黃符，躡手躡腳的壓在齊研的資料夾下。

眼角餘光瞥見依婷的動作，齊研不禁失笑，他壓抑下心中的感動，繼續說：「在匈奴羈留了九年，張騫終於在元光六年，因匈奴內部的混亂而逃離匈奴……。」

「等等，這一段我要補充一下。」依婷連忙打斷齊研。「漢武帝即位後一直有心要攻打匈奴，除了聯絡月氏外，還有一連串的動作。先是在元光二年策劃馬邑之謀，要以雁門馬邑作為誘餌，假裝要獻給匈奴，等到匈奴主力部隊來了之後，西漢再出兵圍攻。可是這個技倆被匈奴人識破，漢軍無功而返，於是兩國和平的關係破局。然後在元光六年左右，衛青等人率領騎軍和匈奴交戰，獲得漢、匈交戰的首次勝利。接下來雙方展開一連串的戰爭，正是因為這些戰爭造成的混亂，張騫才有機會逃脫。」

「嗯，謝謝妳的補充。」齊研笑著說，他的夢倒是沒夢得這麼詳細，「後來張騫在大宛的幫助下，終於到了大月氏*，這一段歷史大家應該都讀過，大月氏因為得到嬀水兩岸的肥沃土地，已經沒有向匈奴復仇的心，所以張騫的任務就算是失敗了。」

「花了那麼多時間跟精力，居然沒有達成使命，多可惜啊！」亞容輕輕的嘆息，如果是她花了那麼多時間去做一件事，結果卻失敗，她一定會吐血。

「塞翁失馬，焉知非福？所有的經歷都不會是徒然的，張騫的任務雖然沒有達成，可是他們因此知道西域的確實面貌，這項

放大鏡

*月氏原本的根據地是在古瓜州地附近，後來被匈奴占領，所以遷移到西北的伊列，但仍持續遭到匈奴的劫掠，於是南遷到嬀水流域，一般稱嬀水流域的月氏為大月氏，而依然留在伊列的月氏人則為小月氏。

功績在當時來說，已經是前無古人了，多難得啊。」宇靖笑著說。

「難得聽你說一句人話耶！」依婷笑著揶揄他。

「哼！那是因為妳從來聽不懂人話。」要抬槓，宇靖是絕對不會輸的。

齊研注意到下班的時間快到了，就擺擺手讓大家散會了，一瞬間，包廂內就只剩鬥得方興未艾的兩人，依然在努力的展現鬥雞本色。

6 受困的冒險家靈魂

回到長安已經一段時間了，他被封為太中大夫，甘父被封為奉使君。原本一起從長安出發，浩浩蕩蕩、百來人的使節團，最後竟只剩他們兩人生還，其餘有的死在異鄉，有的甘心終老於異域。在長安的日子，張騫經常想起之前通使月氏的那一段旅程。如他們所料，月氏國王並沒有答允和西漢結盟，他通使西域的任務，基本上是失敗了。從月氏離開之後，在返回大漢的路上，他們一行人又被匈奴人抓走，在匈奴受困了一年多。本以為在單于的怒氣下必然無倖，但沒想到太子於單竟為他求情，保下了他一條命。但他知道單于之所以不殺他，很大原因是因為當時野心勃勃的左谷蠡王——伊稚斜。伊稚斜對於單身任左賢王一直不服，他是不會擁護於單的，因此軍臣單于不殺張騫，是因為張騫是漢使，留下他或許可以表示出和漢親善的表象，讓伊稚斜不至於輕舉妄動，畢竟大漢的國力也是不容小覷的。

誰知道這居然給了伊稚斜造反的藉口，軍臣單于死了之後，伊稚斜起兵造反，他的攻勢迅捷，令人猝不及防，偏偏於單太子的身邊只有一隊親兵，軍隊並不在王庭附近，根本難以與之相抗。於是他聽從張騫的建議，一起奔逃至漢，請大漢發兵協助，再回匈奴奪回王位。可是張騫沒想到大漢朝廷內部鉤心鬥角，是不可能輕易為於單一人另起戰端的，而於單竟因此而鬱卒致死。

回漢之後發生了太多事，於單病死，他又走了一趟西南夷，現在即將要隨大軍出征。長安都城的生活，繁華富裕，可是張騫卻不是十分開心。長安離權力的戰場太近了，爾虞我詐的戲碼時時都在上演。他剛回國時，皇上對他十三年來的見聞極有興趣，常常對他問東問西。那時大臣之間向他表示親善的，比他身為中郎時多了不知道幾倍。這些事情常常使他厭煩，他想他是不習慣這些峨冠禮服、賀弔往還之事*的。

他常常想起在匈奴那一段時間，想起在西域跋涉的種種，那時候雖然常常處在生死未卜的境況中，但生活方式是很簡單的，與人的接觸也是很輕鬆的，在那個廣大的天地裡，他覺得自由而且快樂，就像騎在馬上，可以恣意奔馳，享受迎風的快感。在長

*峨冠禮服賀弔往還之事　指寒暄應酬婚喪喜慶之類的瑣事。

安，這種快感消失了，或者說，是因為身處官場的關係吧。

張騫輕輕嘆了一口氣，胡妻瞧見了，走到他的身邊來，問：「在為戰事煩惱嗎？」胡妻也知道張騫被封為護軍校尉，即將跟著衛青的大軍出征。

張騫輕輕把妻子摟在懷裡，他語帶玄機的問：「告訴我，妳想家嗎？來到大漢後，妳想家嗎？」

「嗯，常常，尤其是於單太子剛薨逝那一段時間。」胡妻有些黯然的低下頭，來漢那麼久，她努力的在融入這邊的生活，但在所有人眼中，仍視她為胡人，而非漢妻。儘管這邊的生活富裕，但她還是常常想念大漠的草原和天空。

「很奇怪，我在我的國家，卻思念著匈奴的土地，思念我們常常放牧的那一片草原。」張騫的嗓音顯得有些飄渺。

胡妻看著他，低聲的說：「也許那是因為在長安的關係，如果是在你漢中的故鄉，或許就不會了。」

張騫激動的望著他的妻，久久不能言語，良久才道：「等我回來，我們回漢中去，去看看我小時候常常抓魚的那條小溪，還有常去偷採野果的林子。」

胡妻點點頭，沒有再說什麼……。

元朔六年（西元前123年）二月，護軍校尉張騫隨大將軍衛青出征，戰爭打了五個多月，才在七月時罷兵。在這一場戰事中，張騫雖然沒有立下戰功，但卻是憑著他對匈奴的了解，對西域的認識，才能獲得勝利。張騫教漢軍探地掘泉，他熟知匈奴用兵布陣之法，當剽姚校尉孤軍深入敵陣被困，也是他率領千騎前往接應，才不至於造成重大傷亡，張騫因

此受封為博望侯，這是他生命的第一個高峰，但他並沒有太強烈的喜悅，至少比不上找到大月氏時的喜悅，更比不上重返大漢時的那份暢快。

「還是一直做夢喔？」張齊研一大早就找他出來打球，像是要發洩什麼苦悶似的，許宇靖用腳趾想也知道張齊研依舊被夢境所苦。

張齊研坐在一邊喝開水，沒有回話。夢中的情緒感染了他，讓他有一種莫名的低落心情哽在胸臆，盤旋不去。他可以理解張騫封侯時，喜悅中夾帶無奈的心境，可是這情緒現在卻包圍著他，讓他有些提不起勁來。

「你知道嗎？我現在開始接受依婷之前無厘頭的想法了，搞不好張騫真的是你的前世。」宇靖開始天馬行空的想：「你夢裡面那個人長得跟你像不像啊？電視都是這樣演的，前世今生通常都長得一模一樣。」

「那是因為不想再多花演員費。」齊研沒好氣的說。前世今生？這根本沒道理啊，一般來說，前世今生會有糾葛的人，不都應該是前世有什麼遺憾嗎？他從做夢到現在，根本沒發現張騫有什麼明顯的憾恨啊！頂多就是無奈感的指數不斷攀升，但人生本身就是很無奈的啊，哪個人不是這樣？

「我夢到張騫封侯，可是卻……好像有點無奈，或者說是無力……。」齊研像是在自言自語，又像是在對宇靖說話。

「喔？為什麼會這樣？」

「感覺他好像對整個官場的情況有些力不從心、格格不入。」

齊研囈語式的說話方式，讓宇靖心頭有些毛毛的，連忙打電話請「專家」過來處理。

「我覺得會有這種無力感很正常啊，想想，如果他是一個很有抱負又很正直的人，在官場上一定會不習慣的。而且他是那個時代走得最遠，看得最廣的人，他的見識之開闊，也不是當代人可以比擬的，思想比同時代人進步太多的人，總是容易被視為異類，所謂曲高和寡嘛！」宇靖試著分析，唉，這種感覺他最懂了，天才總是寂寞的。

齊研一看宇靖的表情就知道他在想什麼，連忙打斷他幻想中的自傷自憐：「你不用想太多，你的不被了解跟所謂的天才絕對沒有關係，很明顯只是你個人太過怪異而已。」

「喂！沒禮貌！」宇靖白了他一眼：「你的情緒低落，可是嘴巴還是很厲害嘛。」

「情緒低落的不是我，是夢

中的人，我只是有點被影響了。」

「這不是很奇怪嗎？你要嘛就當它只是夢，醒來，就把它忘了，要嘛就去搞清楚它，一直懸著算什麼？看要去開壇作法還是催眠，什麼都好，就是不要再讓我看到你這副死樣子。要知道，分不清楚夢境和現實，基本上已經是精神疾病的前兆了。」

「我分得清楚好嗎？至少我知道你是我的白目死黨許宇靖，而不是林胡族的隨從甘父。欸，如果張騫是我的前世，搞不好你是甘父喔。」

「去！你是大人物，我就只是小角色喔！開什麼玩笑，我許宇靖是何等人物，我的前世好歹也要是……呃，像衛青之流的人物。」

「可是前世今生的感情關係通常都有些對應耶，你不可能是衛青啦，甘父跟張騫的感情比較好。」依婷突然冒出來加入討論。

宇靖十分不服氣：「那表示張騫不是齊研的前世啦！他只是他的祖先而已，都姓張嘛。」

「那要怎麼解釋他做夢的怪事？」

「那個……磁場的問題啦！」反正他就是不要有個小人物的前世就對了。

「隨便你！」依婷懶得理他，轉頭面向齊研，說：「怎麼樣？你昨天夢到了什麼？」

齊研把他的夢境又簡單的說了一次。

「你已經夢到他被封為博望侯啦！真好，不用去翻書就很清楚這一段史事，如果我也做這個夢，就不用辛苦蒐集資料了。」

宇靖開始翻白眼：「妳現在是在讚嘆什麼啊？」

「對喔！呵呵。」依婷使出招牌傻笑來轉移話題：「其實張騫這個博望侯只當了兩年，後來在元狩二年，西元前 121 年的時候，他第二次隨軍出征，因為誤了軍隊會合之期，被判處死刑。」

「啊！」宇靖呆呆的望著齊研，猜想他晚上大概要做惡夢了，夢到人頭落地，血濺七步，噁，真是太悽慘了。

「不過後來他沒死，因為漢律規定他們可以用錢或官爵來贖命，所以張騫就因此贖為庶人，逃過斬刑。後來他在漢中過了兩年多的閒居生活，一直到元狩四年，才又被起用。」

宇靖拍拍齊研的肩膀，表示安慰他今晚不用夢到一場處決的戲碼。齊研卻是在想那兩年多的閒居生活，會不會反而是張騫回漢之後，心境最愉悅的日子呢？住在漢中鄉下，半隱居的生活，想必是十分愜意的吧？

「你剛剛還說你在夢裡感覺

到的情緒，無力是吧？」依婷側頭想了一下，說：「張騫是應該會覺得無力，因為其實在漢武帝的眼中，張騫並不是一個多麼重要的治世能臣，張騫對武帝而言，只是代表一個新奇的視野，他根本不太理會張騫經營西域的一些理念，反而比較想從張騫身上，發掘出一些關於求仙、求長生的可能跡象。像他派張騫出使烏孫，雖然主要目的是要聯合烏孫，以斷匈奴右臂，以及求烏孫的良馬。但他也要張騫去尋天河的源頭，想要得到河源仙露，還要張騫查探崑崙山西王母的訊息等等。這些才是武帝真正感興趣的。武帝是這樣的態度，朝野上下對張騫的態度，也差不多是這樣的。」

「那難怪他的心情會那麼欲振乏力了，他大概也知道自己的處境，就算貴為侯爵，他說的話也不見得有多大影響力。」張齊研嘆息。

「這跟你的心情有相應之處嗎？」依婷還是不放棄關於前世今生的可能性。

「沒有啊，我的工作還蠻順利，雖然偶爾會覺得煩，覺得力不從心，可是生活在這個世道，或許大部分的人都會有類似的心情。我算是幸運而且順利的了，要是不知足，會遭天打雷劈的。」張齊研笑著說。

「而且說實在的，我們製作電玩，本來就算是一種媚俗的工作，電玩就是要好玩，讓人家想玩，如果在這個工作裡，還覺得無奈，就很難做下去囉！」宇靖指出他們工作的一般狀況。

「但是明明知道，不代表不會有無力感啊。張騫應該就是這樣吧？只要待在長安、在官場，他這種無力感就會難以遏抑的勃發。」像她，雖然覺得這份工作很好，可是偶爾還是會覺得很累，也會很想睡覺睡到自然醒，希望錢多事少離家近，更盼望位高權重責任輕，可是，那是不可能的啦！

「我想，這就是全民瘋樂透的原因。我們總以為只要補足現在的缺乏，生命就會快樂了，可是人的慾望是無窮的，永遠會有新的缺乏。像歷代皇帝都是天下至尊，結果還不是都希望可以長生不老，漢武帝不就是一個很明顯的例子？」齊研有感而發。

氣氛突然沉重起來，弄得宇靖渾身不自在：「我們怎麼會講到這裡來啊？話題繞太遠了啦！」

耳邊響起附近學校的上課鐘聲，依婷跟齊研對看一眼，同時叫：「完了！上班要遲到了！」

7 重新再出發

離開滿是是非的長安官場，張騫在家的兩年鄉居生活，反而過得輕鬆暢快。

他的年紀已長，不再如年輕時候那般飛揚跳脫，可是他的心卻一如以往，渴望廣大、可以自由奔馳的世界。冒險的熱血依舊在他老邁的血管裡流竄，有時候連他都不知道這種血液是怎樣生成的。

或許正是這樣的血液，讓他在將居六十的年紀，依舊義無反顧的接下了通使烏孫的任務。武帝為了尋求良馬，以立精騎，本是要攻胡爭馬的，現在接受了張騫的建議，願意聯絡烏孫，兩國通好，不只良馬可得，又可斷匈奴右臂，也免了一場師出無名的兵災。

只是他又免不了一番跋涉，在旁人都不斷為他擔心的同時，只有他像是終於可以出閘的馬，躍躍欲試。

這次的出使，甘父已經不能跟隨他了，甘父早已走到人生的盡頭。所以這次出使的使節團，不再有任何舊部屬了，他們不會理解張騫在白龍堆為何微笑，也不會知道在經過河西走廊時，張騫的眼中為何迷濛。

原本胡妻是希望能和張騫一同前往的，但使節團哪裡能夠攜家帶眷呢？如果胡妻在他身邊，也許他會懂得張騫的心思吧？

二十年前，小心翼翼，如履薄冰般踏過的土地，每一步都可能是人生的盡頭，而今，使節團風風光光的離開長安，安安穩穩的走過河西走廊，出了大漢國境後，沿途各個小國對大漢使節團極其禮遇。

他們知道漢軍大破匈奴，漠南已無王庭，也聽聞過博望侯張騫的事蹟，儘管張騫已不再是博望侯，但西域諸國都這樣稱呼他，就連大漢使節團也這樣稱呼他，在抬高張騫身分的同時，隱隱然也提高了自己的身分。

今昔相較，之間的差異委實令人感嘆。這些心情，是這一批新一代的漢使所不能了解的，他們第一次走這長途，張騫只能盡力把所知的告訴他們，希望他們能具有等量的見識。

想到這裡，張騫不禁發現，他是真的老了，不再有年輕時的凌雲氣概，還有些倚老賣老了起來。

走在大漠絕域，他居然深刻的思念起漢中的胡妻來，人一旦年老就是如此嗎？期盼如盛壯時馳騁四方，卻又總在馳騁之時，在心底企望安詳。不管怎樣，張騫知道這次是他最後一次的長途跋涉了，他老了，身體不再足以負荷另一次的遠征了。

烏孫之地廣闊平坦，加以天候多雨，因此水草豐茂，極為適合放牧。張騫等人見這一大片草原，綠草如茵，像是綿延到天際一般的遼闊，暖和的春陽，溫柔的鋪灑在草地、牲口和穹廬上，清晨的露珠折射出日光的晶瑩，讓人一見就覺得舒暢，覺得心曠神怡。

大漢使節團才抵達赤谷城，就有一隊烏孫騎兵前來迎接，他們早就得到通知，大漢使節團將至。赤谷城雖是烏孫的王城，但烏孫王庭並不在城中，烏孫人也是以穹廬作為居所，因此王庭是在城外的草原上，與赤谷城相距不到一箭之遙。

張騫等人被引進穹廬中，見烏孫昆莫一派威嚴的坐在首座，

宰相、大祿等文武官員*都站在昆莫的身後。

「大漢皇帝所遣通烏孫使張騫謁見烏孫大昆莫。」張騫手持漢節，用漢語高聲說話，他的態度恭謹，但是並沒有行禮下拜。

張騫的舉止，引來烏孫國君臣的側目，昆莫知道張騫這樣的舉動，是在給烏孫一個下馬威，但他沒有對這件事多說什麼，只是淡淡的問道：「漢使此番前來，有什麼見教嗎？」

張騫手一揮，使節團中有人搬進幾個盒子來，在昆莫座前一字排開。

「張騫代表大漢皇帝，賞賜烏孫昆莫金銀幣帛。」張騫話音剛落，使者們手捧的盒子一一掀開，穹廬內的眾人一時被財寶炫得眼花撩亂。

呈現在昆莫面前的，是黃金、白銀、珠寶、絲絹等物，其中有一個盒子，裝著一匹精緻華美的鎏金＊馬，在燭光的映照下栩栩如生、流光閃動，像是正在風中疾速奔馳似的，極為動人。

這許多珍奇寶物，看得昆莫心神大悅，他哈哈大笑，一副接受貢禮的神情，走上前去，就要撫摸那匹生動飛躍的鎏金馬。

張騫和西域民族的接觸經驗極多，對他們的民族性很了解，

放大鏡

＊烏孫的國王稱為昆莫，昆莫之下有相、大祿、左右大將兩人、侯三人、大將、都尉各一人、大監兩人、大吏一人、舍中大吏兩人、騎君一人。在漢武帝的時候，烏孫國分為三部：昆莫獵驕靡自領一部，太子岑陬率領萬騎，為一部，中子大祿統領約萬騎，亦為一部，均羈屬於昆莫。這是烏孫簡單的官制分配狀況，提供給大家參考喔。

＊鎏，即成色好的金子。鎏金，是我國傳統的鍍金方法，已經有幾千年的歷史。但是，它不同於用電解法在器物表面鍍一層薄金，而是將經過熔煉後形成的金汞合劑，即金汞劑，塗抹在銅器或銀器的表面，經過炭火的烘烤，汞遇熱蒸發，金附著在器物表層，達到富麗堂皇的藝術效果。銀的鑄造和打料器物的表面都能鎏金；紅銅鑄造的器物表面亦能鎏金；熟黃銅、熟白銅打製的器物表面也可以鎏金。但是鎏金之前要注意，無論是銅器還是銀器，其待鎏金表面在鎏金前一定要處理乾淨、不能有一點鏽垢和油污，否則，達不到鎏金的品質要求喔。

他先是誘之以利，此刻見初步目的達成，在昆莫上前之時，張騫卻叫使者們將盒子闔上。昆莫皺起眉頭看著張騫，只見張騫一手握住昆莫伸出來的手，一手按著腰間的佩劍，威風凜凜的用匈奴語道：「天子致賜，王不拜，則還賜。」

昆莫已經約莫了解張騫的用意了，他知道大漢國十分強盛，近年來連匈奴都難攖其鋒，如果能和大漢維持良好的關係，那又何樂而不為呢？一思及此，昆莫立刻拜倒在地：「謝漢皇賞賜。」

張騫威嚴的看著烏孫國的文武重臣，再次道：「天子致賜，王不拜，則還賜。」這下，整個穹廬內的烏孫君臣，都伏地拜倒，高呼萬歲。

張騫還禮，上前扶起昆莫，昆莫帶領張騫走向首座，兩人分賓主就座。張騫向昆莫說明來

漢
漢
漢
10000

意，表示欲與烏孫結為兄弟之國，共拒匈奴。但是昆莫並沒有辦法答應這樣的要求，不只是因為他們對匈奴仍有所畏懼，更因為當時烏孫國內政不穩，面對這樣的形勢，昆莫有太多的顧忌。

於是，張騫只好表示向烏孫求良馬之意，並派遣副使前往西域諸國，以建立邦交。一切分派妥當之後，張騫便率領部分人眾先行返漢，烏孫王贈送了數十匹良馬，同時派遣使者一同前往大漢。回到長安之後，武帝賜宴，長安的富麗風華，在在令這些塞外使臣大開眼界。

漢武帝對烏孫的良馬十分喜歡，賜名「天馬」*，並將張騫改任為大行，負責與西域各國建立邦交之事，那是元鼎二年（西元前 115 年）春夏之際的事了。

「我們上次的討論，已經大

致決定了單機版的遊戲企畫，將以張騫首次通西域的背景為主，原則上是以這段歷史作為根據，可以做任何的想像，但是如果太超出歷史事實的，記得要在遊戲中圓一下，我們畢竟還是遊戲，不是歷史教科書，所以是允許適當想像的。」齊研指導單機版企畫的下一步方針。

「可以天馬行空沒關係，因為漢代的方士文化十分盛行，對於神仙之說也很有興趣，漢代的時代氛圍也頗為迷信，所以如果你們要設計法術、神魔大戰啊，通通都可以，不用手軟。」依婷頓了一下，又補充說：「只要讓張騫

放大鏡

＊「天馬」的稱號，最開始是封給烏孫馬的，後來漢武帝得到大宛國進貢的汗血寶馬之後，發現汗血馬更為神駿，漢武帝更加喜愛，於是改稱烏孫馬為「西極馬」，將「天馬」的封號給了汗血馬。後來方士不斷灌輸武帝求神成仙的觀念，走火入魔的武帝為了要得到所謂的「天馬」、「神馬」——也就是汗血寶馬，還發兵攻打大宛國，開啟一場師出無名的戰爭。

去得了西域，又回得來就好了，西王母、崑崙山、河源仙露等等的神話故事都可以盡量運用。」

「真的可以嗎？這樣會不會太不合事實啊？」亞容說：「如果最後做得太靈異，反而架空了時代背景就不好了。」

「不會啦！妳不知道張騫這個名號在漢代的時候，就已經跟神怪之事結合在一起了。提到西域的事，一定要說『博望侯曰』才會有人相信，才顯得有根據。天知道那些事情張騫搞不好根本都沒經驗過。」依婷開始對所謂「張騫效應」如數家珍：「有的人說張騫去西域是用飛的，也有人說他是乘飛船到天河，再降落到西域去。一些方士*跟江湖術士，也利用張騫的事蹟來附會到他們編的故事上，比如說張騫曾經在條支的弱水這個地方，會見瑤池西王母，而且西王母後來還派遣仙女作使者，送玉石雕像給張騫。

「條支其實是西域的一個小國，弱水也是真有其地，據說是現在的額濟納河。在神話傳說裡，西王母就住在崑崙山，下面有弱水之淵環繞。喔，弱水這個地方，書上記載：『鴻毛不能起也』，表示連羽毛也浮不起來喔，說張騫和西王母在弱水相會，根本上就是神異之極。嗯……這一個橋段蠻適合加進去遊戲裡的。

「另外還有一個傳說比較誇張一點，是四川人說的，說張騫

放大鏡

＊所謂的方士呢，就是道士的前身，正因為方士的神學思想和各種法術，才構成了道教的基本內容。方士的神學思想和各種法術主要是源自於殷商時期的鬼神崇拜和巫術、神仙信仰等觀念。從戰國到漢代，是方士非常活躍的時期，西漢時期的方士中，最有名的就是以追求神仙不死之藥的方仙道。神仙信仰源遠流長，古人認為服食不死藥或進行某種修煉就可以升天成仙，長生不老，秦始皇跟漢武帝對這些事情都特別感興趣。

乘坐著仙船，上溯天河的源頭，一直到了銀河，遇到牛郎在河邊讓牛喝水，織女則在河邊織布，張騫就問牛郎他到的這個地方是哪裡，牛郎居然跟他說：『侯爺哪天如果到了成都，去詢問一個叫嚴君平的人就知道了。』後來還把織女的支機石給了張騫，張騫就這樣乘著船又飛回來了。

「然後他到了成都，就去問嚴君平，嚴君平就跟他說，他所到的地方是月宮。你知道這個嚴君平是誰？是四川成都一個替人算命的江湖術士，想要借用張騫的名號，讓人家覺得他很神，很厲害。所以司馬遷在《史記》裡面，就對這一些附會之說表示了存疑的態度，以一句『余不敢言之也』帶過。」

「真的是到處都有神棍，騙財的方法也各有不同。」克強停了一下，轉頭問依婷：「令尊好像也是算命的吧？」

這句話讓依婷大為氣惱：「我爸才不是那種神棍，我爸是很低調的，都嘛是這些人，破壞我爸的清譽。」

「我只是突然想起來而已，我沒有別的意思，對不起。」克強顯得有些著急。

「沒關係啦！習慣了。」依婷揮揮手。

齊研適時在這個時候將話題導回正軌：「這樣說起來我們這個遊戲，可以盡量作這方面的想像，這就要請大家回去好好動動腦了，不管是做夢也好，幻想也好，總之大家都要提出一些想法來，細部的情況我們以後再來討論，等一下還是先討論網路版的事宜。為了不要幻想得太超過，不小心把不屬於中國的傳說都用進來，所以相關的依據請向依婷詢問，要不然就請大家去參考

《山海經》*裡的神話資料吧。」

「那接下來就是要討論網路版了。」宇靖翻閱之前的會議紀錄之後說：「我們之前是決定以張騫通西域的時代作為歷史背景，所以遊戲的主要場景，就是所謂的絲路*，和絲路之外的西域囉。」

「還可以有天上跟地下兩界！馬王堆出土的一幅帛畫裡，就分成三個世界，最上層是天上界，中間是人界，最下面是地下界，顯示西漢人的觀念裡面，已經有神、鬼兩界的概念了，這也可以作為遊戲的設定。」依婷拿出一張彩圖，是一幅T字型的帛畫，T字的橫畫部分，畫的是天上界，直畫部分，則分為人間跟地下兩個世界。

「妳可不可以解釋一下這幅畫？」阿怪見獵心喜，已經在一邊模擬這幅帛畫，一邊還分神提出問題。

依婷清清喉嚨，慢條斯理的開口：「馬王堆出土的文物，時代大概是漢文帝時期，所以馬王堆出土的文物對了解西漢的文化有

放大鏡

＊你知道嗎？《山海經》是我國神話傳說的寶庫喔，但是作者是誰，已經不可考究了。《山海經》分成山經、海經、大荒經三個部分，每個部分又依方位分出序列，其中海經又分海內跟海外兩部分。它集合了上古時期許多的神話，是很重要的文獻資料。一直以來，因為它記錄山海之跡，所以一直被列在地理類的書籍中，一直到清代的紀曉嵐編修《四庫全書》的時候，因為《山海經》的紀錄大多難以查究，多是虛妄之談，才把《山海經》改列到小說類去的。依婷所說的弱水之淵跟西王母，就是《山海經‧大荒西經》裡面的記載，而且《山海經》裡的西王母，跟我們一般認為是中年美婦的形象是不一樣的，《山海經》裡的西王母是有著虎齒、豹尾的人，而且是穴居。一直要到魏晉南北朝的筆記小說裡，西王母才轉變成我們印象中雍容華貴的中年美婦人，所以中國的神話也是累積了每個時代的想像。

＊古代中西陸路交通，要通過一條橫貫亞洲，直到地中海東岸的道路向西進行，這就是以運銷中國絲綢而著名於世的「絲綢之路」，簡稱為「絲路」。張騫鑿空西域之後，絲路正式開闢，當時的絲路以長安作為起點，沿涇河或渭河兩道西走，越過隴山，渡過黃河，進入河西走廊。到敦煌之後，因為塔克拉瑪干沙漠的阻礙，於是絲路分為南北兩道進入西域。南道從陽關西行，沿著崑崙山北麓走，翻越蔥嶺，可以到大月氏、安息（今伊朗）等國。北道就從玉門關沿著疏勒河谷西行，沿天山南麓走，越過蔥嶺，可到大宛、康居。之前張騫從匈奴逃走，走的就是北道的後半段，忘記了嗎？可以翻回去前面複習一下喔。

很大的幫助。這幅帛畫中間畫的老婦人，就是馬王堆出土的那具女屍辛追夫人。老婦人前面有兩個人在引導，就是所謂的方士，所以這一部分是表示方士引導夫人升天。夫人下面畫的宴饗場面，是祭祀的狀況。在帛畫的上部有天門，門頂上有兩隻豹，門邊有神把守，天門是開著的，象徵要迎接夫人。

「在帛畫的最頂端，有一個人身蛇尾的……呃，生物？神話裡的生物。有人說是女媧，也有人說是燭龍，因為燭龍是管理晝夜跟四季的神話生物。在畫的右上角呢，畫的是太陽，裡面還有一隻鳥，太陽下面是扶桑樹，據說是太陽休息的地方，樹上還有八個小太陽在休息。然後畫的左上角畫的是月亮，還有蟾蜍、玉兔，月亮下面還有一個女生坐在飛龍上，書上說是嫦娥，這些都是跟月亮有關的神話。

「帛畫的最底端，畫的是兩條交叉的大魚，魚上站著一個大力士，伸出雙手托著大地，這個人應該就是地神。古代傳說這兩條魚非常龐大，地震就是牠們擺動尾巴造成的。兩邊還各有一隻烏龜，龜背上站著貓頭鷹，眼睛瞪得大大的，大概是在守護死者的靈魂。這幅畫主要就是要表達引魂上天的主旨，但是從畫的布局跟事物，都可以讓我們看出西漢時的喪葬文化跟神話傳說。搞不好張騫死掉之後，他的墓裡也有這一類的東西。」＊

放大鏡

＊看完了對這幅帛畫的敘述，你是不是對馬王堆也有很大的興趣呢？之前我們提到馬王堆裡有地形圖、絲織品、繡品，還有這邊提到的帛畫，其實還有很多喔！有漢代生活起居用的漆器，這些在地底兩千多年的漆器，經過擦拭之後，全都像是新的一樣，光彩奪目呢！此外還有很多的帛書，有《老子》、《周易》，還有古瑟和竽等等多不勝數的古代文物，實在是一個漢代文化的寶庫。

「這些古代傳說真是有趣，對於未知的種種，有這樣生動的想像，比起我們現在看世界的眼光，要浪漫得多了。」亞容不禁讚嘆。

「妳現在還是可以保有這樣看世界的眼光啊，阿姆斯壯登陸月球之後，證明月球上根本沒有嫦娥跟玉兔，也沒有吳剛，但不代表這些神話對我們就失去意義了呀。李商隱的『嫦娥應悔偷靈藥，碧海青天夜夜心』，在我們心裡一樣具有感染力，不是嗎？」張齊研笑著說。

「嘩！你居然還背得出李商隱的詩？」宇靖可真是大開眼界了。

「廢話，我又不是你。」

虧人失利，宇靖摸摸鼻子，不理其他人的笑鬧，正經八百的把焦點轉回遊戲企畫上：「那我們就把網路世界初步分成這三個部分，這樣一來傳統遊戲的一些質素，我們這個遊戲也都可以保有。」

「是啊。」張齊研笑著回應，又說：「我記得西域有很多個小國家，我們可以讓玩家有結盟的選擇，如果跟其他玩家結盟，達到一定人數，就可以成立國家。」

「嗯，這個主意不錯，但是根據記載，當時跟漢朝有直接關係的西域國家，是蔥嶺以東的三十六個國家，像樓蘭、且末、精絕、龜茲等等；在蔥嶺以西還有數十個，像大宛、康居、安息、大月氏，還有一些小國家，書上就沒列出名字來了，大概有七八十個國家吧？如果我們這個遊戲的玩家人數多的話，這些國家會不會不夠用啊？」依婷指出一個挺重要的問題。

齊研想了一下：「這倒不用擔心，我們在設計的時候當然要先評估可能的上線人數，這就要交給克強的行銷組負責囉，你們也要交出現行網路遊戲的流通人次、註冊人數等量表，提供我們作參考。」

克強點點頭，把工作的項目記錄下來。

「我想西域這些國家，大部分都受到漢朝跟匈奴等大國的威脅，如果由我們系統本身來代表大漢跟匈奴，不定時對小國發動戰爭，讓玩家有守城的挑戰，應該也是不錯的。那玩家組成的小國跟小國之間，要怎樣互相攻伐，就可以讓玩家自己決定。」宇靖最喜歡遊戲裡的攻城戰了。

「這樣還剛好反映出當時西域各國彼此交攻劫掠的情況呢！」依婷笑著說：「而且我覺得啊，既然要讓玩家各自組成國家，那可以讓某些國家具有一些特色。比如說大宛的最大特產就是良馬嘛，建立大宛國的玩家，就可以藉由經營馬匹生意來賺錢。還有像于闐的特產是玉石、安息國一直掌控著轉介中國絲綢到歐洲國家的重要據點，這些都可以作為他們的特色，讓玩家組成國家不但可以賺經驗值，還可以賺錢，體現團結力量大的遊戲特色。」

「這是個好主意！可是有經濟效益的國家不能到處都是，要在限定的數目之內，這樣也可以刺激玩家之間的交流。」宇靖興奮的附議。

「是造成玩家之間更慘烈的攻伐吧？你還真是個好戰分子。」亞容嗤之以鼻。

「這樣才刺激啊。」宇靖簡直躍躍欲試了。

「戰爭在遊戲裡當然要有，但也不能一味窮兵黷武，不然會讓玩家一直緊繃，久了就不想玩了。」克強對玩家心理可是作過一番研究的呢。

「沒錯！沒錯！」亞容立刻依到克強身邊表示支持。

齊研點點頭，對這一點也表示同意。

「那要不要讓張騫出現在網路版遊戲裡？」阿怪畫了一幅張騫的圖像，直立在大家面前。

「乾脆讓張騫變成遊戲裡的顧問小精靈，玩家如果有任何疑問，可以呼喚博望侯出來解答。」宇靖做了一個唸咒動作。

依婷搖搖頭：「不好，不好！人家張騫『鑿空』*西域，功績很大耶，怎麼可以這樣玩弄他？」

放大鏡

*「鑿空」二字出自司馬遷《史記・大宛列傳》，意思是說：張騫通使西域，開啟了中國和西域之間的交通。司馬遷用「鑿空」二字對「張騫通使西域」這一事蹟作一結論，並且在文中說明張騫的名號在西域廣為流傳，後來漢代出使西域的使者，都會抬出博望侯，也就是張騫的名號來取信於西域各國。《史記》是中國第一部紀傳體的史書，記載了中國從黃帝時期到漢武帝太初年間的史事，對中國後代的史書撰寫有很深遠的影響。

「除了開通絲路之外，那妳講講他的功績有哪些？」

依婷白了宇靖一眼，嚴肅的說：「張騫通西域，最大的功績，應該算是軍事上的成就，雖然他兩次跟外國聯盟攻匈奴的任務都沒成功，但是因為他對西域的了解，提供大漢西域的正確知識，在軍事的攻伐上，才有資料可以參考。而且雖然通烏孫的任務失敗，但在張騫死了之後，宣帝時期漢與烏孫是真的達成結盟，因為匈奴大舉攻打烏孫，嫁到烏孫的解憂公主寫信向大漢告急，約定兩國一起出兵攻打匈奴。宣帝收到信之後，立刻決定發十五萬大軍攻打匈奴，分五路出發和烏孫會師。但大軍還沒會師，匈奴聽到消息就忙著撤退到漠北去，這一場戰爭對匈奴是一次很大的打擊，國力從此一蹶不振。這基本上是張騫為大漢鋪的路。

「軍事上的成效不用再多說了，伴隨軍事效益來的，是經濟效益。匈奴既然已經遠遁漠北，大漢掌控了絲路要衝，中西商旅絡繹不絕，因為張騫讓西域的人看到大漢的富饒，他們對這一個東方國度都充滿幻想，對東方的絲綢、器物都有很大的興趣，這可以帶來多少經濟收入啊。

「而且張騫通西域還引進很多西域的瓜果，最有名的就是葡萄，張騫在大宛喝到葡萄酒，『驚為天人』，所以引進葡萄，後來中國也開始用葡萄釀酒。另外還有像石榴，是從波斯引進來的，也很受中國人歡迎。還有像最近生機飲食很流行的苜蓿啊，也是在西漢就引進中國了，不過當時是為飼養那些從西方引進的馬。喔！你看，馬也是啊，沒有良馬，怎麼跟匈奴作戰？

「還有胡麻、胡桃、胡豆、

胡瓜、胡蒜……等等，名字上有胡的東西，部分是因為張騫通西域的關係才傳到中國，就算不是他直接帶進來，也是因為他，這些東西才陸續傳入中國。另外還有西域的香料、樂器、舞蹈、雜技、玉石、埃及的十色琉璃、羅馬的火浣布，還有各種珍禽異獸，真要列出來，可以列很多很多頁的。如果沒有張騫，這些東西也許還是會引進中國，但就不會是在西漢的時候了。」

「就是因為他這麼有名望，又有代表性，才要讓他當遊戲裡的顧問小精靈啊，不然這個遊戲叫做『鑿空』，裡面卻沒有張騫出現，那不是很不切題嗎？而且把他設計成小精靈，也沒有不敬跟玩弄的意思啊。」宇靖很認真的解釋他的構想。

依婷同意這個設定了，但立刻列出但書：「那要畫得很漂亮才行喔，小精靈出場的場面也要很炫、很美，最好連他的匈奴妻子一起畫進來。」

「這妳要去跟阿怪商量。」宇靖連忙撇清關係。

依婷張大眼睛，凝視著阿怪說：「我會把漢代服飾的相關資料給你，你要畫好看一點。」

阿怪點點頭，不敢多表示意見，因為依婷的眼神裡充滿了威脅，像是在說如果把人畫醜，就要給他難看似的。

齊研從亞容那裡拿來會議紀錄，看了之後作出結論：「那初步的情況就先這麼決定，大家分頭進行，有問題可以隨時提出，我們也會定期召開會議。今天的會議，結束！」

未盡的道路

張齊研夢到自己浮在半空中，他的身體有些飄忽，有些半透明，在夢境中他穿過了一層又一層銀白色的雲霧，以一種滑行的姿態，像是要去見什麼人似的一路向前。他想煞住身子，看清周圍的環境，但卻好像有一條繩子拉扯著他，不斷拉著他往前，再往前。

朦朧中，有一個模糊的身影出現在前方，那人衣袂飄飄，張齊研想張口叫住他，他卻在一瞬間來到面前。看清那個人影之後，張齊研反而愣住了，他只能瞪視著那個人，卻一句話都說不出來。

那個人對他露出微笑，向他作了一個揖，張齊研呆呆的回禮，壓根沒發現他所做的舉動，是他生命中從沒經驗過的行禮方式。

「怎麼了？你應該對我不陌生了，不是嗎？」那個人影站定在他面前，正在對他說話。

「你是張騫？」張齊研驚疑不定，這跟之前的夢境都不一樣，之前的夢境都真實到不像夢，現在的夢境卻虛幻到像是人隨時會醒來。

「是的。」張騫點點頭，繼續說：「我的生命在被封為大行三年之後結束，這三年的事情，已經沒什麼好向你說的了。」

「我會夢到你，是你運作出來的結果嗎？」

張騫聽到齊研說的話，不禁失笑：「運作？不，不是，這個世間沒有人能去運作任何事，更不可能去運作他人的心。」

「那我為什麼會夢到你呢？」張齊研不解，但是他開始考慮要去找依婷要張符紙來避邪了。

「也許是因為我們是同一種人，也許是因為磁場的問題，也許是因為你身體裡流著我的血，都有可能，但那不重要。」

「那什麼才重要？」越來越玄的夢境有點超出他的負荷了。

「重要的是眼前，是你從我的生命中看到了什麼？」

張騫簡直像是來開釋他的，這種情況讓張齊研冷靜了下來。他細細的回想了張騫的一生，卻還是有些茫然，他說：「我不知道，我應該看到什麼？我對你之後的世界不了解。」

「在我之後，大漢派了許多的使節出訪，多到有些氾濫，使節團的素質越來越良莠不齊。聖上知道西域路途遙遠，不是人人都願意前往，對那些上書提到外國利害關係，要求擔任使節出使的人，往往都表示同意。甚至直

接招募人民，不問他們的背景來歷，就算是藏匿在民間的罪犯，只要有人願意，就為他們整治行裝，派遣到外國去。這是我擔任大行時最擔心的事，一個使節代表的是國家，使節的言語如果不知輕重，大漢就會失去外國的信任，這樣一來，大漢在西域的威望也就慢慢的降低了。」

「那麼你怎麼辦呢？」這件事齊研並沒有聽說過。

「我向聖上表示我的意見，但聖上執著於求大宛馬和求仙，對這些事情根本聽不下去。我真不知道那是聖上的錯，還是方士的錯。」

「齊王好衣紫，齊人皆好也。」＊張齊研突然想起自己曾經唸過的一個寓言，就這麼脫口而出。

張騫笑著看他，眼中有讚許之意：「或許是如此吧？但我實在不願意說自己君王的過失。」

「現在我們可不來這一套。」張齊研笑著說，在民主社會裡，言論自由是被保障的，現在的媒體不怕沒人罵主事者，怕的是罵得不夠兇。

張騫對這句話沒什麼反應，或許他不太了解時代的改變吧？張齊研在心裡這麼想。但張騫的身影卻漸漸變得模糊了，他的眼神中若有所思。

「我是一個使節，代表的是

放大鏡

＊齊研這裡所引用的寓言，是出自《韓非子》。《韓非子》的作者叫韓非子，是戰國時代韓國人，他是法家的代表人物，講話口吃，可是文章寫得很好，他曾經和李斯一起師事荀子，後來李斯在秦國當官，秦王聽說韓非子很有才能，想要召見他，李斯害怕韓非子入秦之後，會妨礙他的仕途，就把他給害死了。這一個寓言是說：「齊王很喜歡穿紫色的衣服，齊人模仿國君，也都喜歡穿紫衣，造成紫色衣服的價錢越來越貴，齊王擔心紫色衣服的價錢居高不下，太傅就對齊王說，只要齊王不再穿紫色衣服，大臣中有穿紫色衣服的，就叫他站遠一些。齊王照著做之後，慢慢的，大臣都不穿紫衣了，再過一段時間，整個國境內都沒人穿紫衣了。」你知道齊研為什麼引用這個寓言了嗎？

大漢，我的一生都謹記著這個身分和這個身分的使命。」他像是喃喃自語的說著。

「是啊，你代表的是西漢盛世的風華。」在了解了張騫之後，張齊研對他的事蹟是景仰的。

「不，那不是我的重點，也不應該是我所代表的。我走了那麼遠的路，我不應該這麼被侷限吧？」

侷限？張齊研露出不解的表情，代表一個時代的風華是一種侷限嗎？他低聲問：「這怎麼能說是侷限呢？能代表一個時代不是一種了不起的功績嗎？」

「你從歷史中，看到的是這樣的結論嗎？」張騫問得有些譏誚。

「我……。」齊研想要說些什麼，卻看到張騫的身影益發模糊了，他覺得張騫像是要消失，著急的問：「你還沒給我一個確定的答案，我到底為什麼會夢見你？」

張騫沒有回答，他轉過身去，身影在銀白雲霧中消失了。突然間，一切的重力像是在一瞬間回流，張齊研被地心引力往下拉，身子迅速的下墜。

「啊——」齊研驚叫出聲，這是他夢中最後一個意識。

「啊！」張齊研猛然驚醒，才發現一切都是夢。雖然他在夢中就很明確的知道一切都是夢，但是那種下墜感還是很真實。

揉了揉雙眼，眼光四處逡巡，才發現依婷和宇靖都在，兩個人正以狐疑又擔憂的眼光看著他，像是他隨時會精神失常似的。他慢慢想起睡前發生的事，遊戲企畫好不容易定案，他們開心的跑去慶祝，結束之後，宇靖堅持要到他家來續攤，接著他就睡著了。

「你——」依婷小心翼翼的開口：「又做夢啦？」

「廢話！不然他幹嘛鬼叫著醒來，當然是做夢啦，搞不好還是做惡夢。」

依婷聽了之後開始大驚小怪：「不會是你的夢開始向我爸的職業範圍內邁進了吧？你真的不用那麼捧場沒關係。」

「不是。」張齊研翻身下床，到浴室去洗了臉，才又接著說：「我夢到我在跟張騫聊天，而且我覺得這次是最後一次夢到他了，他像是要來告訴我一些什麼事。」

「那他說了什麼？」依婷的興趣極為濃厚，她對歷史跟靈異的事最有興趣了。

張齊研搔搔頭，說：「我其實不太清楚他想表達的是什麼。」他把夢中的場景簡要敘述了一遍。

「我覺得這只代表一件事。」

宇靖莫測高深的開口：「就是張騫大概得了大頭症。」

依婷賞他一個大白眼，沒好氣的說：「拜託，你以為人家像你一樣喔。人家走了那麼遠的路，看過那麼多的人、事、物，眼界難道會跟你一樣小啊？」

「那不然呢？代表一個時代他都覺得侷限，不然他是想代表什麼？整個世界啊？」

齊研沉吟：「我覺得他不像想要代表什麼，他只是想要傳達一些東西，而這些是遠超過他生平所經歷的。」

「那會是什麼呢？是他無日或忘的使節精神嗎？感覺上好像沒那麼簡單，而且這種事跟齊研也沒什麼關係啊，真是奇怪。不然回家叫我爸請他上身好了，直接問清楚。」依婷異想天開的說。

「不用了，如果他要說，他早就直說了。」齊研連連搖手。

「他會不會只是故作神祕？」宇靖再次發言，這一次的發言成功惹毛了依婷，兩個人再次在一邊鬥起嘴來。

齊研無視於兩人一再上演的戰火，他開始仔細回想夢境，夢中張騫的眼神是那麼開闊，像是超脫了世間的一切，走了那麼遠的長途，會涵蘊出怎樣開朗的心胸呢？這是一直固守在小島上的人所不能明白的，雖然現在的交通是比古代發達，但乘坐進步的交通工具旅行，跟張騫他們那種一步一腳印的旅程相比，所得到的感動應該是不同的吧？

在西域生活十三年的張騫，他冒險家的靈魂，最終把哪裡當作真正的家鄉呢？也許不是大漢，也不是匈奴，而是整個世界。宇靖說他想代表整個世界，也許有一部分是說對了，張騫要傳達的也許是一種宏觀的精神，

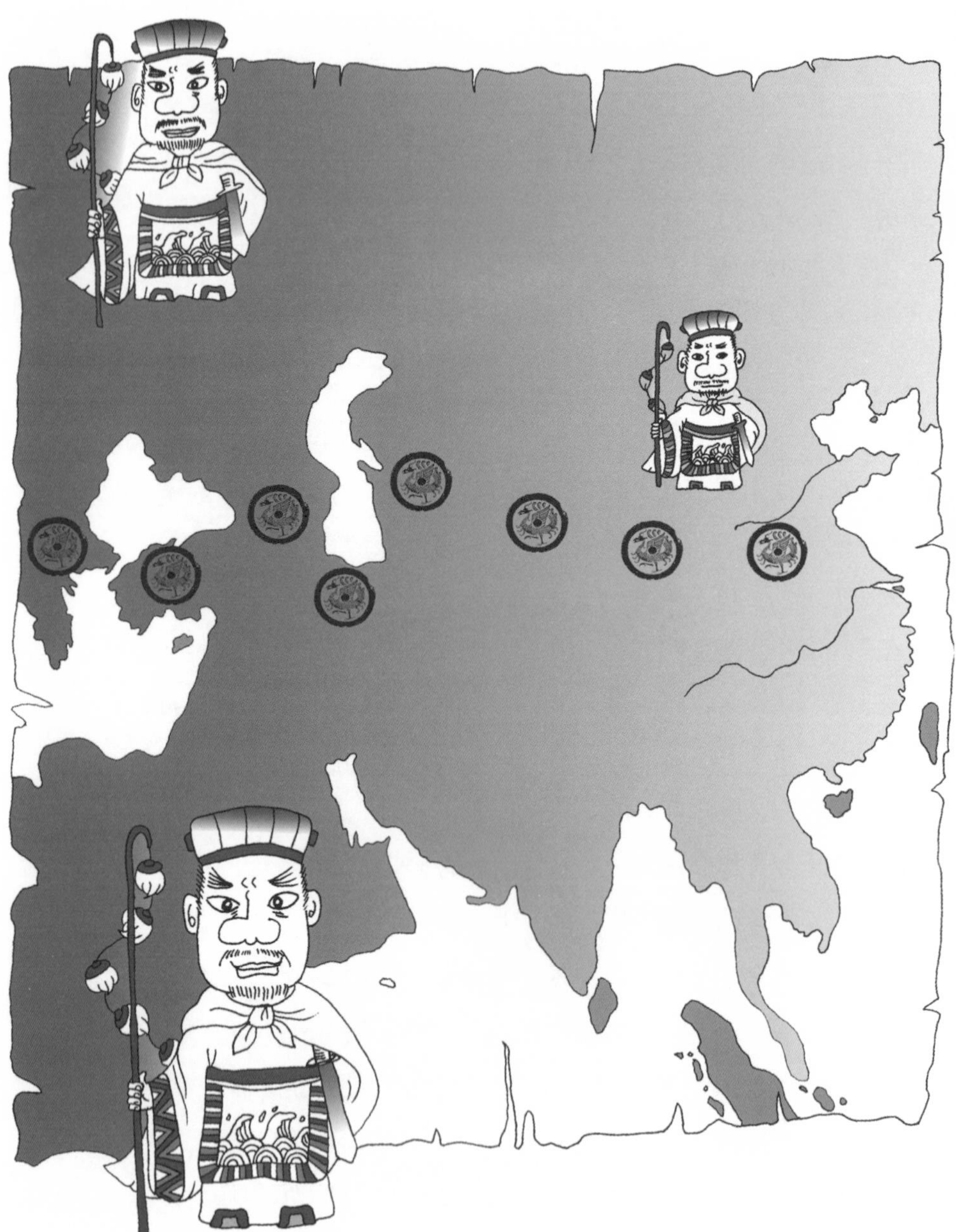

一種可以和世界等量齊觀的精神，或者就是現在所強調的國際觀吧？不論是面對世界或是面對生命，都應該保持的精神。就是這樣的精神，讓他在白龍堆的風暴裡談笑風生，也是這樣的精神，讓他能和匈奴單于氣勢相當，更是這樣的精神，讓他能走到時代的前方，看到當時代人所見不到的風景。

「也許哪天我會去西域走一走。」他喃喃自語。

吵得不可開交的兩人同時轉過頭來，異口同聲的說：「什麼？」

「我說，等這個企畫結束，我要排休假去西域走一走，來一趟絲路之旅。」沒錯，他決定了，身為張騫的後代子孫，他要去走走他曾經走過的路。

「那我也要去！」宇靖立刻表示同行的意願。

依婷笑說：「就說你前世是甘

父嘛，還說不是，人家要去你就要跟，公司不可能答應你們同時排長假的啦。」

「說到排假，不如我們就說要去實地考察，順便拍一些照片回來作資料，這樣搞不好還能拗到公費出差。」

張齊研笑著調侃他說：「這種小聰明，你倒動得快。」

「如果有公費補助，那我也要去！」依婷聽見公費兩字，眼睛都亮了。

「妳還不是愛跟，如果我是甘父，那妳是什麼？胡妻？」宇靖口沒遮攔的說。

依婷頓時暈生雙頰，罵說：「什麼胡妻？誰要當胡妻啊？她為了張騫離開家園，大半輩子都在異鄉度過，生命中大多數的時光都是一個人獨對淒涼，漢人真的了解過她嗎？史傳只簡簡單單的記了一筆，說她攜子和張騫一起逃回大漢，記下的是『胡妻』兩個字，連名字都沒有，她幾乎在大漢度過了一生耶，結果還是被稱作胡妻。漢人根本沒有真正懂她，她只是張騫輝煌生命裡的點綴罷了。」

「歷史對女人本來就不太公平，更何況是異族女子。」張齊研淡淡的說。

宇靖突然想到一件事，問齊研說：「話說回來，在你夢裡面，張騫到底有沒有跟你說你為什麼會夢到他啊？」

齊研搖搖頭，依婷頓足說：「沒說喔！這個人怎麼這樣啊？一點都不乾脆，留下謎團又不給答案。」

「他說那不重要，因為任何原因都有可能。」

「那我怎麼就沒有夢到？」宇靖不以為然。

齊研挑眉說：「搞不好喔。也

許下次我們要做新企畫的時候，就會換你夢到了。到時候拜託你夢一個更有銷售數字的故事來。」

「去你的。」宇靖捶了齊研一拳，三個人都笑了。

不管夢到張騫的原因是什麼，張齊研對這奇妙的緣分都感到珍惜，他像是體驗了另一種人生，而這種體驗，和他原本的生活又是不可分割的。大部分的人也許沒辦法像張騫走得那麼遠，但是張騫的心境和精神，不是只有長途行旅才能體會。在書裡，在生活中，或許只要用心去感覺，就會發現，其實張騫的精神無所不在。

張騫

小檔案

前 139 年	第一次出使西域，被匈奴扣留。
前 129 年	漢與匈奴發生戰爭，趁匈奴內部紛亂逃離，前往大月氏。
前 126 年	從西域回到長安。
前 125 年	第二次出使，想要找一條繞過匈奴，而能到達身毒、大夏等國的道路。後被召回隨衛青出征。
前 123 年	隨衛青出征匈奴有功，封博望侯。
前 121 年	隨李廣出征攻打匈奴，因延誤軍期本當問斬，後以爵位贖罪，被貶為平民。
前 119 年	勸漢武帝聯合烏孫。武帝命為中郎將，率團第三次出使西域。雖未與烏孫達成協議，足跡卻遍及中亞及西南亞各國，成功宣揚國威。
前 115 年	漢武帝任命為大行，負責與西域各國建立邦交之事。
前 114 年	去世。

獻給孩子們的禮物

「世紀人物100」

訴說一百位中外人物的故事

是三民書局獻給孩子們最好的禮物！

◆ 不刻意美化、神化傳主，使「世紀人物」更易於親近。

◆ 嚴謹考證史實，傳遞最正確的資訊。

◆ 文字親切活潑，貼近孩子們的語言。

◆ 突破傳統的創作角度切入，讓孩子們認識不一樣的「世紀人物」。

我的蟲蟲寶貝

一套充滿哲思、友情與想像的故事書
展現希望、驚奇與樂趣的
『我的蟲蟲寶貝』！

想知道

迷糊可愛的毛毛蟲小靜，為什麼迫不及待的想「長大」？

沉著冷靜的螳螂小刀，如何解救大家脫離「怪傢伙」的魔爪？

膽小害羞的竹節蟲阿比，意外在陌生城市踏出「蛻變」的第一步？

老是自怨自艾的糞金龜牛弟，竟搖身一變成為意氣風發的「聖甲蟲」？

熱情莽撞的蒼蠅依依，怎麼領略簡單寧靜的「慢活」哲學呢？

國家圖書館出版品預行編目資料

鑿空On Line：張騫／張博鈞著;程令方繪.－－初版三刷.－－臺北市：三民，2017
面；　公分.－－(兒童文學叢書／世紀人物100)

ISBN 978-957-14-4408-6　(平裝)

1.(漢)張騫－傳記－通俗作品

782.821　　94024008

© 鑿空On Line：張騫

著作人　張博鈞
主編　簡宛
繪者　程令方

發行人　劉振強
著作財產權人　三民書局股份有限公司
發行所　三民書局股份有限公司
地址　臺北市復興北路386號
電話　(02)25006600
郵撥帳號　0009998-5
門市部　(復北店)臺北市復興北路386號
(重南店)臺北市重慶南路一段61號

出版日期　初版一刷　2006年9月
初版三刷　2017年11月修正
編號　S 781230
行政院新聞局登記證局版臺業字第○二○○號

ISBN　978-957-14-4408-6　(平裝)

http://www.sanmin.com.tw　三民網路書店